すべてのビジネスに、日本らしさを。

各務 亮

はじめに

「日本らしさ」がビジネスを救う

戦後に生まれた多くの企業がいま、難しい局面に立たされています。テクノロジーやライフスタイルの変化により、従来の商品やビジネスモデルの売上低下に悩みながらも、業態を転換して生まれ変わる勇気を持ちきれず、真に求められる変革に踏み出せていない企業は少なくありません。

積み上げてきた実績があるからこそ、過去の成功モデルに縛られてしまっている。多くの企業がそういった状況にあります。

そして、既存商品のリニューアル、ラインナップ拡充、小型化、多機能化、または競合他社の人気商品を参考に、真似たり差別化したりして商品開発をしたものの、**根本的な解決には至らず苦慮しています。**

「トレンドや他社のヒット分析を重ねているのに、なぜ売れないのか」

頭を抱えている経営者や開発・企画担当者は多いことでしょう。

新しい価値を探すとき、人は答えを外に求めがちです。

他社を分析し、それを応用する。たしかにこのモデルは、社会が右肩上がりに成長し、市場が自然に拡大していた時代においては、効果を発したでしょう。供給以上の需要が世に存在していたため、その供給の担い手に加わることで、需要の一部を享受できたのです。

しかし、いまの日本は違います。

ＧＤＰ成長率は低迷を続け、あらゆる産業が伸び悩みに苦しんでいます。需要の総量が減った社会で、わずかなパイを複数の供給者で奪い合っている状況であり、真似するだけで**勝ち馬に乗れる大きな潮流が存在しません。**

そのうえ、ビジネスには様々な要因が絡み合います。

外から見える部分だけ模倣したところで、おなじ結果が出せるとはかぎりません。素人がプロスポーツ選手の体の動かし方を学んでも、おなじようには動けないのと同様のことです。外からはおなじ「人間」に見えても、その内部には、これまでに培った技術、鍛え上げられた肉体、過去から学んだ経験などが隠れているのです。

ひとりとしておなじ人間がいないように、**すべておなじ企業など存在しません。**

事業の形態、商品、サービス、持ちうる資本、協力関係、事業を行う立地、そこで働く人材の数や能力と、企業を構成する要素は無数にあります。

当然、そこから生み出されるビジネスにも、これらの要素が深く関係します。

だから、他所のビジネスを参考にして、それを自分たちのビジネスに取り入れたとしても、おなじような結果が出ることはないのです。

困難なとき、見るべきは「外」ではなく「内」

そもそも本来のビジネスとは、「社会に価値を生み出したい」「社会の課題を解決したい」といった、**自らの内なる心から発せられる「内的欲求」**によって社会に生み落とされるべきものです。

その欲求が、本質的価値である「社会にもたらされる価値や豊かさ」を生み出します。

いまの世の中に本質的価値を提供している会社は、それぞれ独自の内的欲求を大切にしています。

そして内的欲求は、他者が真似することのできない「想い」でもあります。

すなわち、盲目的に他社を参考にするのではなく、「それは、自社が取り組むべき方法か？」、「自社の内的欲求にマッチするか？」といった点を、立ち止まって考えてみる必要があるのです。


現状への危機感から、プロジェクトチームをつくり、ＤＸやＡＩといった最新テクノロジーや、流行っている手法の導入に注力する企業も少なくありません。

ＤＸやＡＩを活用すればビジネスの効率は向上しますが、それは手段の変革にすぎません。手段の効率化を求めるあまり、「その手段によって、自社は社会にどのような価値や豊かさを生み出すのか」という、**根本的な「想い」が置き去りにされては意味がないのです。**

たとえ他社の戦略や活動に魅力を感じたとしても、それが本質的な価値創造につながるかどうかは、冷静に判断すべきでしょう。

つまりビジネスが苦境にあるとき、目を向けるべきは「外」ではなく「内」です。自らが持つ想いや資産に目を向け、そこからできることを探してください。そこで見つけた「らしさ」が、他に代え難い価値につながります。そして、この国にある多くの企業に根付き、私たち日本人の感性にも訴えかけ、世界からも注目を集める「らしさ」があります。

それが、「日本らしさ」です。

この「日本らしさ」をビジネスにおける武器にしていただくことが、この本で提案したいことです。

この考えに至ったのは、私自身が、実際にビジネスをとおして「日本らしさ」の持つ魅力を大いに実感したためでもあります。

ここで少し、自己紹介をさせてください。

京都で気づいた、この国のビジネスを救う鍵

私は京都を拠点に、日本の伝統文化や工芸を世界へ発信するお手伝いをしている、各務亮と申します。

魅力ある伝統を次代につなぐために、その本質をアップデートして現代社会と結びつけ、新たな形に編集していくことをミッションとしています。

京都に来る前は、10年間、アジア各国でお仕事させていただきました。

中国、インド、シンガポールなどの電通海外拠点を移り住みながら、トヨタ自動車やパナソニックといった日本発グローバル企業の海外展開をお手伝いしてきたのです。日本の素晴らしいプロダクトを世界に広げる、とてもやりがいのある仕事でした。

しかし、移動や家事における便利さや安全性がアジア各国に行き届きはじめると、「これからの世界が求める豊かさはなんなのか？」という疑問が湧いてきたのです。

その問いの答えを探すべく、10年前に京都へ赴任したのが、この本のテーマでもある「日本らしさ」の価値に気づくきっかけでした。

京都に来てからは、1200年の歴史に息づく価値を探求しながら、プロモーションという枠にとらわれず、商品開発、サービス開発、コンテンツ開発と、その伝統の持つ豊かさを発見し、グローバルに展開していくことを自分の使命として取り組んでいます。

2020年には、グローバルな文化・アートのコミュニティづくりを目指すプラットフォーム「THE KYOTO」の運営に関わり、文化の力を社会へ実装することに励んでいます。

その他にも、多数のプロジェクトをとおして、**伝統企業が本来持っている独自の価値を大事にしながら、いまの時代に接続し、伝統を次世代へつなげる**活動のお手伝いをしています。

おかげさまで私が関わらせていただいたプロジェクトには、国内で多くの人に注目していただいたり、海外から賞賛を得られたりしたものもありました。

しかし、これは私が何か特別な働きをしたわけではありません。

受け継がれた技術や価値、他者を思いやり協力する精神、言語化できない美しさを創造する美意識……。成功したプロジェクトを思い返すと、**その根底にはいつも「日本の**

持つ魅力」がありました。私はその「日本らしさ」が、現代においてより遠くへ広がるためのお手伝いをしたにすぎません。

この経験があったことで、「日本らしさ」こそが、この国のビジネスを救う鍵になると気づいたのです。

詳しくはこれからお伝えしていきますが、こういった伝統、精神、美意識などの独特な魅力はすべて、世界における唯一無二な価値です。

グローバル化が進むこの世界で、歴史を耐え抜いたこれらの価値は、世界でビジネスをする大企業や地域の中小企業、その規模にかかわらず、次の時代にも求められる本質的な強みになると感じました。

そして、たとえ古い価値や技術であっても、形を変えたり打ち出し方を変えたりすることで、現代の多くの方に受け入れてもらえるということも、これまでの活動をとおして確信を得ました。

いまある価値や魅力の変革が、活路を開く

しかしそれと同時に、自分たちの持つ価値や魅力を現代の方に受け入れてもらうための工夫の仕方がわからず悩んでいる人が、いかに多いかということにも気づきました。

いまの日本には、唯一無二の魅力を持っていながら時代とのミスマッチによって存続が危ぶまれているビジネスが数多くあります。

それは、京都という世界有数の歴史都市でも例外ではありません。

京都の伝統産業市場はこの30年間で6分の1ほどに縮小、職人の平均年齢は65歳以上、そして半数の工房は後継者が決まっていない状況です。

あらゆるビジネスが、素晴らしい価値や魅力を持ちながらも、それを十分に発揮できていないために危機的な状況を迎えているのです。

とはいえ日本は、200年以上続く老舗企業が1300社以上もあり、その数は世界で圧倒的最多です。つまり、これまでも多くの企業が、自らの価値を時代にあわせて

変革し、新たな価値を生み出してきたのです。

その知恵に学び、いま、あらためてその循環をつないでいけば、必ず活路は見いだせます。


そこで、私が京都で様々な方々から学ばせていただいた経験が、「新たな価値創造の循環づくり」を求める商品・事業・サービス開発の担当者や経営者の方々のために、少しでもお役に立てばと、この本を書かせていただきました。

過去の伝統を大切に、これからの時代に求められる価値創造を目指すすべての方へ、その思考法を共有することを目的にしています。

ビジネスの武器になる4つの「日本らしさ」

そうはいっても、「うちのビジネスには日本的な要素なんて一切ない」「伝統工芸や文化を扱うビジネスだからできることでしょう」という反論もあるかと思います。

では、あなたが考える「日本らしさ」とはなんでしょうか?

着物、時代劇、和食、社寺仏閣、陶芸、漆塗り……。
間違いではありませんが、**「目に見える」ものだけが日本の魅力ではありません。**
私が考える、これからのビジネスの武器になる「日本らしさ」は、次の４つです。

天命を知り追求する「求道心」
歴史に培われた「伝統的資産」
他者を受け入れる「調和の精神」
豊かな感受性による「美意識」

これらの「日本らしさ」をビジネスに備えることが、これからの社会、世界、時代において、**多くの人の心を動かし、応援される価値の創造**につながると考えています。
その理由は、本編でじっくりとお伝えしていきます。

「モノから意味」に変化した「価値」の定義

「それは世界に向けたビジネスでいえることでしょう」

「うちの会社は国内でしかビジネスしてないから関係ない」


「日本らしさを武器にする」と聞くと、こう思う人もいるでしょう。

ですが、なにも「日本らしさ」は、海外で選ばれるためだけのものではありません。

これからの時代が向かう先にある価値観と、「日本らしさ」はマッチしているのです。


この30年あまりで、「価値」の定義は変わりました。

かつては、日本が世界に提示したような「安全性」「機能性」こそが価値とされてきました。自動車産業を中心に、日本はこれらの性質を極限まで高め、世界経済有数のプレーヤーになりました。

しかし、これら「物質的価値」はその到達点や手法が定量化、言語化できるため再現性が高く、やがてアジア各国も同水準のプロダクトをつくるようになりました。その結果、ただ安全で、便利で、安いだけという価値は、世界中に溢れてしまいました。「物質的価値」は完全にコモディティ化し、**もはや価値を発揮しにくい状況**となっています。

さらに現代では、「物質」ですら求められなくなっています。

かつて豊かさといえば「物をたくさん所有する」ことを指していました。

それが、経済的に豊かになり物質的な欲望が満たされた結果、「物」の持つ価値は下がり、最近では「ミニマリスト」や「シェア」という言葉が流行ったように、もはや**「物を持たない」ことのほうが価値あること**にシフトしています。

「日本らしさ」が「意味の価値」をつくる

この「脱・物質的価値」の時代に人々が求めているのが、「意味の価値」です。

車を所有せず、移動という「機能」をカーシェアで済ませる人が増える一方で、「安全性」「機能性」「安価性」のどれをも持たないスポーツカーやクラシックカーの人気が高まっているのは、そこに「意味」としての価値があるからです。

「ただ速さを追求することに情熱を注いだエンジニアの美意識に触れたい」

「歴史を感じさせるデザインとアナログな機構を楽しみたい」

便利さや機能性でなく、「車とは何か？」という「意味」に価値を見出しているのです。

現代ではこの、**「その消費がどのような意味を持つのか」**という視点が大きく注目されています。

購入によって生産者を応援する「応援消費」。

自然や環境に配慮したものを購入する「エシカル消費」。

これらの言葉で表される意識は、若い世代を中心にもはや不可逆的に広がっています。

つまりこれからの時代に受け入れられる価値を創造していく際は、この「意味の価値」を携えていくことが欠かせません。

その点において、「日本らしさ」として紹介した4つの特性は、**「意味の価値」をつく**

ることのできる強力な武器となります。

どれも抽象的な概念ではありますが、だからこそ、そこには数値化や言語化できない、そして他者にも真似できない、「意味」としての価値が宿るのです。

冒頭で述べたように、日本の将来について悲観的な論調が多いのは事実です。でもそれは、戦後の成長神話に囚われているからにほかなりません。

安全安心な社会、格差もまだ限定的、豊かな自然、人を慮る美意識。**「見方」を変えれば、これほど恵まれている国はありません。**

日本には、ある価値を他のものに転用して表現する、「見立て」という文化が根付いています。

新しさを追いかけるだけのビジネスをやめ、目の前にある価値を愛で、それを未来に向けて変化させていければ、必ず活路は開けます。

「日本らしさ」でビジネスを創造する

いまこそ、先人が残してくれた「日本らしさ」という資産に気づき、次代の豊かさを創造し、世の中に発信するときです。

では、その一歩はどう踏み出せばよいのでしょうか。

この本では、**「日本らしさ」を武器に自社のビジネスをアップデートする**ための具体的な方法を、ビジネスの創造に必要な「ミッション（目的）」「ストラテジー（戦略）」「アイデア（発想）」「エグゼキューション（実現）」の4つの段階に分けてお伝えします。


天命を知り追求する「求道心」は、「ミッション」において。

歴史に培われた「伝統的資産」は、「ストラテジー」において。

他者を受け入れる「調和の精神」は、「アイデア」において。

豊かな感受性による「美意識」は、「エグゼキューション」において。


商品やサービスといったアウトプット、その企画や製作、チームビルディングといったあらゆる過程において、「日本らしさ」をどう活かしていけばよいのか、具体的な事例を通じてご説明します。

世界のブランドが羨む、日本の魅力

最後に、あるエピソードを紹介します。

以前、世界的な老舗ブランド「エルメス」の創業者一族に、「どうしたら、京都の伝統企業からエルメスのようなブランドを生み出せるのか？」と聞いてみたことがあります。するとその方は、こうアドバイスしてくれました。

「日本は生活の至るところに、すばらしい伝統が息づいている。足りないのは、それを発見し、プレゼンテーションする力だ」

私たちは日本という恵まれた環境でビジネスをするうちに、自分たちの持つ価値や魅力に無自覚になり、それを言語化することを怠ってきたのかもしれません。

欧米で発展したマーケティングやブランディングの手法も大切ですが、そもそも**社会にプレゼンできる「自分たちの魅力」**に気づくべきだったのです。

この本を手に取ったみなさんはきっと、日本や自社の歴史に誇りや愛情を持っていることと思います。

だからこそ、その本質的な価値を発揮し、社会に広く知ってもらうための方法をお伝えしたいのです。

「変わりたいのに変われない」

この悩みを持つすべての人に届けば幸いです。

現在苦境に立たされている多くの企業が、「日本らしさ」によって価値をアップデートし、新しい価値を創造できるようになる。そして、**社会全体、日本全体の再興につながる。**

私もまだ試行錯誤の日々で、いまも挑戦中ですが、この本によって縁がつながり、そんな循環を実現することに少しでも貢献できれば幸いです。

第2章 ミッション――「求道心」で、社会に必要とされる存在意義を見つける

第3章 ストラテジー

――「伝統的資産」で、競争のないフィールドを創造する

第5章 エグゼキューション

――「美意識」で、人の心を揺さぶる体験をつくる

第
01
章

ビジネスを
進化させる、
「4つの日本らしさ」

chapter 01

Improving your Business with
“Four Aspects of Japanese Culture”

便利で安全な「だけ」の日本製品

日本は、世界における役割を見失いつつあります。「新しい価値を生み出す」ことは私たちの課題でもあり、日本全体が歩んでいかなくてはならない物語でもあるのです。

これから生み出していくべき価値について触れる前に、まずは日本の産業がこれまで生み出してきた価値、つまり歩んできた道のりを、簡単に確認しておきましょう。

世界第2位の経済大国にまでのぼりつめた日本の産業は、これまでいったいどのような価値で世界と戦ってきたのでしょうか。

日本の近代産業が生み出してきた価値を端的に表現するなら、「便利さ」と「安全性」です。日本はこのふたつの価値を研ぎ澄ますことで世界を席巻しました。

たとえば電球用ソケットの製造販売を家族三人ではじめたパナソニックは、1998

年には世界で初めてテレビ生産累計2億台を達成。三菱電機、日立製作所、東芝、シャープなどとともに、日本企業は白物家電において世界で圧倒的なシェアを誇りました。まさに世界を「便利さ」で席巻したのです。

また1958年に初めて量産が開始されたホンダのカブは、耐久性の高い「安全な」バイクとして世界中で愛され、販売台数は累計1億台を超えました。単一シリーズの原動機付きモビリティとして、生産台数の世界最高を記録しています。

このように、**日本の「便利で安全な」製品は世界中から歓迎され**、日本という国のイメージを世界中で向上させてきました。

「ものづくり大国」として名を挙げた日本

なぜ日本はそのポジションを手にすることができたのでしょうか?

それは、日本が「世界の下請け」というステージを経たからにほかなりません。

かつて日本は、世界中のメーカーに高品質な部品を供給したり、業務を受託したりする下請けとして、技術を磨き、着実に経験を蓄積していきました。

その技術と経験をその後の自分たちの物づくりに活用し、「ものづくり大国」として**「ジャパン・アズ・ナンバーワン」といわれるまでのポジション**を築いたのです。

日本の持つ「便利で安全」という強みをとくに感じたのは、私がトヨタ自動車の担当として、アジア各国を巡りながら、マーケティングサポートをしていたときです。トヨタ自動車は破竹の勢いで世界売上を伸ばし、2008年には初めて販売台数世界1位にまで上りつめました。

しかしその影で私は、少しずつ、しかしはっきりとある変化が起こりつつあるのを感じるようになったのです。

それは、**アジア各国の台頭です。**

「世界における役割」を失った日本

2000年代初頭から、自動車においては現代自動車や起亜自動車、家電ではサムスン電子、ハイアール、ＬＧエレクトロニクスなどが、低価格で日本メーカーと同等の品質のものを続々とつくりはじめたのです。

　これは、かつての日本が担っていた「世界の下請け」が、より労働力の安い中国やベトナムなどのアジア各国に移行したことが影響しています。新たな担い手となったアジア各国は、技術や経験を蓄積し、自国のものづくりに役立てたのです。

　その結果、多くの日本産業が生み出す価値は、世界でその優位性を感じてもらいづらくなりました。かつて世界をリードしていた**「便利」「安全」という価値は、多くの国でもつくれるコモディティ化した価値となってしまった**のです。

　そして私たちは、世界へ貢献する独自の役割を見失いました。役割を失った日本は、いまだに次の決定打を見つけられていません。

　この現状にもかかわらず、日本産業は変化することなく**「替えのきく価値」で戦い続けています。**

　いま私たちは、過去の戦い方を手放し、次の時代に求められる、日本ならではの価値を生み出す必要に迫られているのです。

これは消耗戦から降りるという理由だけではありません。

コモディティ化した価値は供給過多となり、世界には同様の製品が並んでいます。

既存の価値に対して消費者は満たされ、世界で求められる価値自体が大きく変わりつつあるのです。


では、「安全」や「便利」がコモディティ化したいまの世界では、いったいどのような価値が求められているのでしょうか？

替えのきかない、唯一無二の価値とはなんなのでしょうか？


それは、「意味」です。

変化する世界で求められている「意味の価値」について、見ていきましょう。

変わりつつある「価値」の中身

「安全」「便利」がコモディティ化したいま、人々はそれに代わる新しい「(それをやる・買う)理由」を求めています。これからの日本がとるべき生存戦略は、この「意味」の価値を、ビジネスに実装していくことです。

欧米諸国のビジネスは、すでに「意味の価値」を創造しています。

そしてじつは、そのきっかけこそ、かつての日本でした。

先ほど見たように、世界第2位の経済大国であった頃の日本は、「安全」や「便利」といった機能面で世界のマーケットを席巻しました。

日本の卓越したものづくり技術やプロダクトへのこだわり、それによる低価格・高品質な製品が、世界各国の商品を市場から追いやった結果、世界中の国々は日本と同じ戦場で競うことを断念し、活路を見出すために新しい道へと歩みはじめたのです。

各国が持つ替えのきかない「歴史」や「背景」をものづくりに掛け合わせるようになり、そこに「共感」や「憧れ」といった「意味の価値」が生まれるにいたりました。

世界を席巻する「意味のある」価値

この経緯を如実に体現しているのが、時計の世界です。

「オーデマ ピゲ」という時計ブランドをご存知でしょうか？

1875年のスイス、時計産業のはじまりの地とよばれるジュー渓谷のル・ブラッシュにて、ジュール＝イ・オーデマとエドワール＝オーギュスト・ピゲのふたりの時計職人によって誕生した、世界を代表する高級時計ブランドです。

創業から現代まで途切れることなく続く家族経営によって、卓越した技法が受け継がれ、その技術によって細部を限界までこだわりぬいてつくられる機械式時計は、現代でも唯一無二の価値を持っています。

1本数百万円するものは珍しくなく、なかには1億円を超えるものもありますが、世界のスターやセレブリティを中心に、いまだなお高い人気を誇っています。

「時間を知る」という機能的価値は、寸分の狂いのないクオーツ時計や、携帯電話の普及によってすでにコモディティ化しています。

その時計市場のなかで機械式高級時計は、**その技術や物語といった「意味の価値」によって、唯一無二の存在感を誇っている**のです。

ちなみに、1969年に世界で初めてクオーツ時計を開発し、「時間を知る」という機能的価値の競争に終焉を迎えさせたのは、皮肉にも日本の時計メーカー「セイコー」でした。時計の「機能」価値の進化を終わらせたのは、日本だったのです。

すでに「デザイン性」といった、機能以外の価値が登場して久しいファッション業界にも、近年では新たな変化が現れています。

それは、「サステイナブル」という価値の登場です。

全世界的に、**ブランド価値のコアが「持続可能性」や「環境への配慮」へ急速にシフト**しています。

2009年、アパレル企業のパタゴニアと量販店のウォルマートは、大手グローバル企業のCEOたちに、自社製品が環境に与える影響を測定する指標の共同開発を持ちかける共同書簡を作成しました。

2018年には、グッチが「人と地球、目的をつなぐためにデザインした」という新しいオンラインプラットフォーム「Gucci Equilibrium」を発表しました。

こういった大手ブランドにかぎらず、多くのファッション企業がこれまでの環境破壊的な生産体制や、大量消費・大量生産的なものづくりをあらためる動きをみせています。

その姿勢はユーザーにも求められており、「ミレニアル世代の73%が持続可能性を謳った製品に注目している」という統計もあります（2015年：Nielsen Global Corporate Sustainability Report）。

従来の「安くて機能的」「豪華や高級」では選ばれなくなり、「環境負荷への配慮」といった、時代に必要とされる「新たな意味」が選ばれるための価値になっているのです。

世の中は「存在理由」に価値を感じている

世界でもっとも選ばれているブランド「Apple」の魅力も、「意味の価値」です。

ユーザーは機能以上に、プロダクトや店舗、広告などを一貫して貫くその世界観、そして「世界をシンプルで美しくしたい」というスティーブ・ジョブズの思想の「意味」を買っています。

意味の価値は、日本においてもその発芽が見てとれます。

クラウドファンディングは、その好例でしょう。

のちに詳しくご紹介しますが、京都のある名家が蔵の改修費用をクラウドファンディングで募ったところ、予想をはるかに超えた金額が集まりました。

これは、人々の「歴史に必要なモノは支援したい」という想いの現れです。

リターンとして享受できるサービスや商品はあくまで判断材料のひとつであり、出資者の多くは、そのモノやプロジェクトが存在する意味、つまり**「存在理由」に価値を見出しはじめており**、そこに参加したい、貢献したいと感じているのです。

モノによる便利さが満たされはじめ、人々が求めるのは、自分の美意識や思想を潤してくれるモノ、社会や地球にとって必要なモノ、といった「意味」にシフトしています。

逆に、存在理由のないモノは信頼を失い、淘汰されていきます。

だからこそ日本も、他国との競争ではなく日本ならではの「意味」で、次の時代に自身の存在価値を語らなくてはいけないのです。

「意味」はヒューマニティの思想から

日本のスーパーやドラッグストアに行くと、お菓子や食料品など、同じカテゴリーの商品でもそのバラエティの豊富さに驚きます。これも、日本には微に入り細に穿ち、あらゆるニーズに応えてユーザーを喜ばせようとする才能があるためです。

しかしその一方で、商品の乱立によって過剰な競争が生まれ、値下げ競争に突入してしまっている業界が多いのも事実です。

中国のインバウンド客が旅行先に日本を選ぶ理由に「安く買い物できるから」を挙げ

ることからも、この状況は明らかです。

「競合に勝つために値段を下げる」という競合他社を基準とした思考では、「原価を削り、少しでも安くつくる」サイクルから抜け出せなくなってしまいます。

同時に、手作りによる生産は時間もコストもかかるからと、その優位性が急降下しています。実際にこの30年間で、工芸の多くが工業製品に代替されていきました。

しかし、これからの時代に必要となる「意味の価値」は、作り手の思想や熱意、手作業による美しさなどから生まれます。

つまり、「人間」なくしては、意味の価値は生まれないのです。

実際に世界では、人間の価値を発揮することで、多くの人に求められる成長を遂げている企業がたくさんあります。

「職人」が価値を紡ぎ出す、イタリアの高級ブランド

イタリアに、カシミアを主力商品とする「ブルネロ・クチネリ」というラグジュアリーブランドがあります。

1978年の創業以来、一貫した哲学で同社を導いてきたブルネロ・クチネリCEOは、「労働者の尊厳を損なわない仕事の形」を追い求めてきました。

ブルネロ・クチネリにとってもっとも大切な存在は、同社従業員の3分の1以上を占める、職人たちです。クチネリ氏は、彼らをただの工員ではなく「アーティスト」だと考え、尊敬の意を込めて「アルティジャーニ（職人）」と呼んでいます。

職人の給料は一般職よりも2割ほど高く設定されており、徹底して「働く人の尊厳」を重視した経営を行っています。

その結果、同社のセーターは1着40万円もするような高級品ですが、職人たちの良質なメンタリティーによって生み出された圧倒的なクオリティを持ち、世界の多くのセレブリティたちに愛されています。

「儲けを抑えてでも、仕事に見合った給料を支払うことで、クオリティは維持され、結果的に成長につながる」

この「人間主義的経営」と呼べる経営姿勢こそ、ビジネスにおける正しい考え方だと、クチネリ氏は言います。

実際にこの考え方は、世界で急成長する多くの企業の手本となっており、アマゾン創業者のジェフ・ベゾス、セールスフォース・ドットコム創業者のマーク・ベニオフなど、シリコンバレーを代表する経営者たちが、ブルネロ・クチネリの本社があるイタリア中部ウンブリア州ペルージャ近郊のソロメオを訪れています。

「作り手の精神と技術によって価値を創造する」視点においては、日本は世界に後れをとっていますが、実は伝統的な世界においては、**日本が本来持っていた価値観**でもありました。

京都に、100年以上にわたって茶筒をつくり続ける「開化堂」という老舗があります。

茶葉を保存する容器としての機能だけなら、100円ショップでも購入できます。しかし開化堂の茶筒は、その100倍以上の値段のものばかりです。それでも、世界中のセレブリティたちからのオーダーが絶えないと聞きます。

それは、開化堂の茶筒には**圧倒的な職人技術に支えられた美しさと、それを支える精神性がある**からです。

開化堂は美しい商品だけでなく、職人が美しく働ける環境づくりにも注力しており、それに共感した若く優秀な職人さんが次々と入社されていると聞きます。

まさに、意味の価値の魅力が、多くの人の心を惹きつけているのです。

自分たちの「どこ」に価値があるのか？

ユーザーがつねに「安さ」や「機能性」を求めているとはかぎりません。

自社の何に価値を感じてもらえているのかを考えることで、自分たちが本当に追求すべきものが見えてきます。

「フェラーリ」の創業者であり、自身もレースドライバーだったエンツォ・フェラーリは創業当時、自社の目的を「レースに勝つこと」とし、車の販売はそのための資金集めととらえていました。

これは、顧客は「レースで勝ち続けるフェラーリ」の車に乗りたいのであり、同社の車を買うことが、フェラーリの活動を応援する意味を持っていたためです。

その本質に気づいた同社は、市販車の品質にこだわるのではなく、職人たちが「より速い車をつくる」ことに集中するための資金と環境を確保することを、なによりも優先していたのです。


「ユーザーは自分たちのどこに価値を感じているのか」

これを明確にとらえ、そこに注力することが、真の効率化といえます。

「少しでも安く」という意識は一見、顧客満足への企業努力のように思えますが、裏を返せば、**その製品に「材料や経費以外の人間の価値が込められていない」**ということでもあります。


人間の仕事を価値化するには、価格に対する発想の転換が必要です。

赤字が出ないギリギリまで値段を下げるようなものづくりをしていては、いつまで経っても**機能性以上の付加価値は生まれません。**

この「コスト削減中心のものづくり」から抜け出さないかぎり、日本に「意味の価値」が生まれることはなく、企業や働く人たちの暮らしが楽になることはないでしょう。

次のフェーズが見つからない「失われた20年」

ここまでお話ししたように、世界ではいま「意味の価値」が求められています。

この変化を名付けるなら、これからは「文化の時代」といえます。

この変化にいち早く気づいた欧米諸国は、すでに戦略を変えています。

たとえばアメリカ。かつては自動車産業で隆盛を極めていましたが、1980年、日本の自動車生産台数が1000万台を突破し、アメリカを抜いて世界一になりました。当初アメリカは日本に対する輸入制限等の対抗措置を取りましたが、その差は広がるばかりで、アメリカの自動車産業は傾いていきました。

しかしこれによってアメリカは戦略の大転換に踏み切ることができ、その後は金融市場、IT市場とビジネスの主軸を変え、経済のリーダーの地位を維持できたのです。

またその一方で、「意味の価値」の醸造にも励んでいました。

1929年に開館した「ニューヨーク近代美術館（The Museum of Modern Art）」を中心に、世界中の美術関係者とのネットワークを構築し、現代アートや文化産業によるビジネスの仕組みづくりを進めていたのです。

欧州でも同様に、フランスは19年代初頭にはじまった「パリ・コレクション」を中心にファッション産業を、イタリアは1961年にはじまった見本市「ミラノサローネ」を中心にデザイン産業をと、文化的価値を戦略的に高めてきました。

近年では北欧の国々もまた、独自の戦略をとっています。日照時間が短く、家で過ごす時間が長い彼らは、室内での暮らしの質を追求し、そこから生まれた家具をはじめとしたインテリア産業を、固有の武器として戦略的に発信しています。

アジアにおいても、たとえば韓国は、国内市場の小ささという自国の特性を認めたうえで、エンターテインメントをグローバルに発信する戦略を描き、国策として推し進めています。

世界各国が独自性を活かした戦略へシフトするなかで、日本はまだ「安全」「便利」に次ぐ戦略を立てられていません。

現在の世界における**独自の存在意義を見出せていない**のです。

日本ならではの存在理由、つまり「意味」を再設定し、世界に戦略的に発信する必要に迫られています。

「クールジャパン戦略」の反省

とはいえ、これまで何もアクションをおこしてこなかったわけではありません。日本政府にも、世界において独自の役割を担わなくてはいけないという危機感はありました。

替えのきかない魅力をコアとしたソフトコンテンツを輸出することで日本独自の次なる価値を築く。日本独自の次なる価値を築く。これを政策的に実践しようとしたのが、「クールジャパン戦略」です。

私自身も、アジアで日本文化発信の国際的イベントを創ろうと「ANIME FESTIVAL ASIA」の立ち上げに関わり、日本のアニメや漫画、音楽といった「オタク文化」をアジア各国に発信するプロジェクトをお手伝いさせていただきました。

現在、日本のオタク文化が世界に拡まっている状況において、これらの活動は確実にある程度の成果を挙げたでしょう。

しかし、日本の次世代産業を産むほどのインパクトを起こせたかというと、まだ持続的な日本の成長戦略には至っていないと言わざるを得ません。

その原因は、主導する私たち自身が、日本の本質的な価値に無自覚であったからではないかと感じています。

私自身、日本文化の強みや根っこを理解せずに、流行りの事象を表層的に刈り取って、海外へ移植しようとしていたのではないかと反省させられます。

「日本的なよさとはなんなのか？」
「日本の真の魅力は、もっと他にもあるんじゃないか？」
「替えのきかない日本固有の魅力とはなんなのか？」

こうした経緯を経ることで、私はこれらの問いを胸に抱くようになりました。

そして、ある答えに辿りついたのです。

これからは「日本らしさ」に注目しよう

日本が新しい独自の価値として据えるべき「よさ」とはいったいなんでしょうか。

「調和」「無常感」「おもてなし」などの精神性。

「粋」「余白」「侘び寂び」などの美意識。

様々な価値が浮かんだのではないでしょうか。

考えてみると、日本には固有の魅力や強みが実にたくさんあることに気づかされます。

この「日本らしさ」こそが、**日本社会がこれまで大事に育ててきた独自の価値**なのではと気づいたのです。

なかでも、次の4つの「日本らしさ」は、これからの時代における大きな強みになりうると考えています。

天命を知り追求する「求道心」

日本は一般的には無宗教の国として認識されていますが、その思想や生活には、「仏教」、「儒教」、そして「神道」の3つの教えが息づいているといわれます。

解釈は多様にありますが、インドでガウタマ・シッダールタにより開かれた「仏教」、中国の孔子を始祖とする「儒教」に対して、「神道」は日本で発祥した信仰だと考えられています。

「神道」という言葉の日本における初出は『古事記』だといわれ、ここでの記述が、天皇信仰の土台になったとも考えられています。明示された開祖や教典は存在しませんが、神々と人を結ぶ場である神社に参拝する習慣が根付いているように、**この国に住む私たちの生活や信仰の隅々に浸透している**教えであることは間違いないでしょう。

「神道」は、「惟神の道（かんながらのみち）」とも呼ばれます。

これは神を敬い、その御心に沿うよう、自分なりに正しい道筋を立てて生きていく生き方の探求を表しています。

そして、「八百万の神」という言葉にも表れているように、自然界に存在する万物に神々が宿るとの考え方も持っています。


つまり、どこで何をしようとも「お天道様が見ている」と考えるのです。

森羅万象に宿る神々の「大いなる意思」を感じながら、人としての生き方や清く明るい「道」を求めて生きることが、「神道」における考え方となっています。

この教えに見られるように、**日本人には「論理を超えた大いなる意思を感じながら、自分の道を探し求める」という意識**があるように思います。

技術の優劣でなく、型を通じて身体性を取り戻し、その先にある「真・善・美」といった精神性を追求する茶道、華道、書道などの文化に「道」という字がついているのも、偶然ではないでしょう。

この「道」を求める「求道心」こそ、まさに日本らしさのある考え方であり、**「意味」の価値の追求**が求められる現代のビジネスにおいて必要となる資質です。

歴史に培われた「伝統的資産」

詳しくは第3章でお伝えしますが、日本には、長年の歴史を経て伝承された数多くの伝統的資産が存在します。

たとえばクラフトマンシップ、つまり「職人技術」です。

京都の西陣織は20以上の工程を分業し、それぞれのスペシャリストが連携することで、世界に類を見ない織物を現代に伝えてきました。その技術力の高さが、世界で見ても圧倒的に美しいものを生み出しています。

伝統工芸にかぎらず、長年受け継がれ、数値や言語で表してマニュアル化できない「職人技術」を、商品やサービスなどに取り入れている企業は多いでしょう。

いま、世界中で生産の大量化や効率化が図られています。

管理体制や仕組みづくりに注力し、属人性に頼らない、安定していて効率の良い利益生産構造が求められています。

しかしその傍らでは、多くの職人技術が失われつつあります。それは伝統的な技術が重んじられるイタリアをはじめとした欧米諸国でも同じです。

一方で、ここ日本にはまだ、**多数の伝統技術が奇跡的に残っています。**技術だけでなく、長年受け継がれてきたモノとしての資産や素材、その物語そのものも、光の当て方を変えれば伝統的資産となります。

そしてそこには、まさに「意味の価値」が宿っています。

この伝統的資産を活かしたビジネスを創造するにあたり、グローバルに見ても、日本は有利な立場にあるのです。

他者を受け入れる「調和の精神」

日本には「禅」に代表されるように**「自分と自然とのあいだに境界はなく、一体である」という自然観や精神性**が根付いています。

この価値観を育んだのは、日本の自然豊かな環境です。

海に囲まれ、広大な山々や森林を有し、四季に富む多様な環境は、山や海の幸などの恵みを与える一方で、台風、洪水、雪害、噴火、地震といった脅威をもたらします。自然は「抑え、克服すべきもの」とする西欧の自然観に対して、日本はこれらの恵みや脅威をもたらす自然に畏怖を覚え、「共生していく」自然観を構築していきました。

また、「他者との調和」も、日本人が持つ独自の強みです。これは日本固有の地理的環境が、その誕生の経緯に起因していると私は考えています。

海外の諸外国は長いあいだ民族、国家間の衝突や境界線争いを続け、相手と自分が違うことが前提のなかで、折り合うための論理を磨いてきました。

一方、ほぼ単一民族である日本は、外の世界へ向かう意識より、村や社会といった**身近なコミュニティでの調和**を古来重視してきました。お互いが共通の価値観や常識を共有していることを前提とした、阿吽の呼吸が尊ばれてきたのです。

かつて聖徳太子が17条の憲法で「和を以て貴しとなす」と説いたように、日本人は古くから「自と他の調和」、つまり**「二項対立ではなく全体性」という価値観を重んじてきた**のです。

一方で世界に目を向けると、個の意識が高まり、人種、政治思想、社会格差、文化、宗教といったあらゆる違いがクローズアップされ、各地で様々な対立が広がっています。

そうした歯止めのきかない分断が広がる世界の潮流へのアンチテーゼとして、日本や、日本に類似した自然環境を持つ東洋諸国が重んじる「調和の精神」が、世界で役立てるのです。

豊かな感受性による「美意識」

短歌や和歌に「自然の美しさ」について書かれたものが多いように、私たちは昔から、無機物、有機物を問わず**あらゆるものの些細な違いや変化をとらえ、そこに「美」を見出す「美意識」**を養ってきました。

「四十八茶百鼠」という言葉をご存知でしょうか。

これは「しじゅうはっちゃひゃくねずみ」と読み、江戸時代後期に誕生した言葉です。当時、町人の贅沢な暮らしを制限するために、幕府は「奢侈禁止令」を出し、庶民が着られる着物の色を「茶」「鼠（灰色）」「藍」に限定しました。

それに反抗した人たちが、許可された色の範囲で「路考茶《ろこうちゃ》」「団十郎茶《だんじゅうろうちゃ》」「梅鼠《うめねず》」「鳩羽《はとば》鼠《ねずみ》」など、微妙な染め分けによる様々な色合いを生み出したことに由来した言葉です。

それほどまでに日本人は些細な変化や違いに目を向け、楽しむ感性を持っているということです。

また、些細な違いを認識する意識を持ちながら、枯山水や俳句に見るように、多くを欲張らない「引き算の美学」も持ち合わせています。

余白や空間といった見えないところに、想像力で世界をつくることを可能にし、「有」ではなく「無」のなかに価値を見出す感受性です。

それは現代社会が追求するエシカル消費やサステイナブルといった価値観とも調和し、いま、世界が必要としている感性でもあるのです。

足元を見つめ、「自国の文化」に正しい自信と誇りを

これらの「日本らしさ」は、経済的合理性や論理的思考ではとらえられない、まさに

「意味の価値」を有する特性です。

「日本らしさが日本の強みだなんて、なにを当たり前のことを言っているんだ」とお思いかもしれませんが、この当たり前を見失い、欧米諸国がつくった価値判断を基準にしたビジネスに邁進した50年あまりの結果が、今日の日本です。

思えば私たちが海外のブランドを選ぶとき、意識せずとも、**その国の文化や美意識、生き方を取り入れたくて購入しています。**イタリアならば艶と喜びを、フランスならば優雅さとエスプリを、イギリスならば伝統と革新を、北欧ならば洗練と温かみを、アメリカならば気軽さとテクノロジーを、というように。

これも、欧米諸国が自国の文化をしっかりと理解して、それを誇りに意識的に発信してきたからでしょう。

私は海外勤務をするなかで諸外国の多くの方々と接してきましたが、どの方からも、自国文化に対するリスペクトを強く感じました。

そして、自国の文化に自信と誇りを持っている人は、習慣や文化の違う他者を受け入れ、知ろうとする心の余裕も持っています。

世界を理解するうえでも、自国の魅力や価値を見出すためにも、私たちには自国の文化に対する正しい理解と誇りが必要です。

それは、いたずらに自国の文化を自画自賛することとは違います。

歴史を生き抜いた普遍的な価値を客観的に見直し、現代社会に貢献できる価値を再発見することが大切なのです。

「日本らしさ」という先人の知恵を学び、そこから価値創造をしていくことが、これからの日本には求められています。

世界から評価されてきた「日本らしさ」

これらの「日本らしさ」は、自ら意識することが難しく、むしろ外部からの方がその本質はよく見えるものです。

実際、世界の人々は昔から、日本人以上に日本の文化や芸術に「特別な価値」を感じ、積極的に親しんできました。

世界の思想に影響した「求道心」

日本の精神性について書かれた、『弓と禅』という有名な書籍があります。

1948年にドイツの哲学者オイゲン・ヘリゲルによって『Zen in der Kunst des Bogenschießens（弓術における禅）』が出版され、その邦訳として、1956年に日本で出版されたのが『弓と禅』です。

これは、「自分には真理を理解する力が欠けている」と疑念を抱いたヘリゲルが、日本を訪れ、その滞在中に理解した日本の精神性について書いた本です。

そこには、ヘリゲルが弓道の師匠である阿波研造から学びを得て、無心の射を体得するまでの過程が書かれています。

そのなかに、あるエピソードが語られています。

技術のみで射る弓を嫌う研造が説く「心で射る弓」を理解できずにいるヘリゲルに対して研造は、ある日の夜、道場にくるように言います。

真っ暗で何も見えない道場、そこで研造は2本の矢を放ちました。

すると1本目は的の真ん中に命中し、2本目は、1本目の矢を貫いたそうです。

この経験が、研造のいう**「弓道には〝大いなる意志〟が存在し、〝それ〟が、技術だけでは射ることのできない的を射らせてくれる」**という教えを、ヘリゲルに実感させるに至りました。

ヘリゲルは、「それ」を感じとるための意識を超えた無心の行為を「禅」と表現し、弓道だけでなく、華道や墨絵といった芸術においても重要となる奥義だと、本のなかで書いています。

『弓と禅』は、スティーブ・ジョブズの愛読書としても知られています。

ロジック重視の西洋思想とは異なる、**「目の前にある目的を追い求めるのではなく、無心になり、大いなる意志を感じとる」**東洋的思想は、世界中で注目を集めたのです。

世界の職人を感動させた「伝統的資産」

洗練されたグッドデザインの代表であり、世界を一変させたプロダクトの前身となったｉＰｏｄには、その魅力的な造形に日本の伝統技術が使われています。

「持つ喜び」を感じさせる滑らかで美しい外装をつくり上げたのは、新潟県の燕市地域に根付く「鏡面磨き」と呼ばれる金属加工技術なのです。

その技術は和釘から始まり、隣接する三条市と連携してイノベーションを果たし、日本を代表する金属加工産業へと発展しました。

ｉＰｏｄのプロトタイプがつくられる際、アップルが世界から選んだのが、この加工技術でした。

また、世界の高級ブランドは、日本の職人技術に羨望の眼差しを送っています。

皮革製品で有名なスペインのブランド「ＬＯＥＷＥ」のクリエイティブディレクター、ジョナサン・アンダーソンは、陶器をはじめとした日本の工芸品コレクターでもあり、自社のクリエイティブに、日本の民芸から得たインスピレーションを活かしています。

このように、日本の「伝統的資産」であり、繊細さときめ細やかさを実現する「技術」は、日本独自のクラフトマンシップとして世界から賞賛されています。

工業化が進み、かつての高い技術が失われつつある世界のものづくり市場では、日本の技術によって生み出された伝統工芸品は、もはやアートとしても評価されています。

これからのより機械化やロボティックスが進んだ世界では、**人間や自然だからこそ生み出せる価値がより問われるようになる**でしょう。

そのときに、日本に残る技術、素材、物語といった「伝統的資産」が求められるのです。

世界の暮らしを変えた「調和の精神」

世界で高い評価を受け、20世紀を代表する彫刻家であるイサム・ノグチの作品には、日本の持つ「調和の精神」のひとつである「自然との調和」の存在が見て取れます。

1904年にアメリカのロサンゼルスで生まれたノグチは、少年時代を日本の茅ヶ崎の自然のなかで過ごし、芸術家としての土壌をつくりました。その後、彫刻家としてのキャリアを歩み、1986年には第42回ヴェネツィア・ビエンナーレのアメリカ代表に選ばれ、「アメリカの偉大な芸術家」と評されるまでになりました。

その彼が、日本の岐阜で制作を始めた提灯型の照明が「AKARI」です。

近代化した生活に自然光のようなやわらかい明かりを再現するために、和紙によって陰影のある光を生み出すなど、照明の新しい形を追求しました。

彼の彫刻作品が「彫刻に自然を取り入れた」と評価されたように、照明にもまた、自然を取り入れようとしたのです。

ただ機能的に部屋を照らすのではなく、照明を「光の彫刻」だと考え、日常と自然の調和を目指してつくられた「AKARI」は、ニューヨークをはじめとして世界各国で展示会が開かれ、現在に至ってなお、世界中で多くの賞賛を得ています。

建築の世界でもまた、**日本固有の「自然との調和」という特徴が注目されています。**

西洋建築は石造りの家によって「外と内の境界」をはっきりと区別しているのに対し、日本の建築には「内と外をわけない」考え方があります。

縁側や軒先に代表されるように、内と外がシームレスにつながれ、雨風を防ぎながらも光や風を取り入れ、自然を感じさせる工夫があるのです。

「金沢21世紀美術館」などの建築で有名な、妹島和世と西沢立衛による日本の建築家ユニット「SANAA」は、この「内と外の空間が溶け合う」様式を近代建築に取り入れたことで世界から評価されています。

世界に衝撃を与えた日本の「美意識」

日本の持つ「美意識」、とくに「見えないところに美しさを感じる」という視点は、世界の芸術に影響を与えました。

なかでも強く影響を与えたのが、絵画の世界です。

ルネサンス以降の西洋絵画では、遠近法に代表される写実性が重視されていました。対象を中心に配置し、その背景にある目に見えるすべてのものを忠実に描くことが絶対美として認識されていたのです。

そういった写実性や構図を大胆に無視し、何も書き込まない空間や、意図的に空いた余白などを携えたのが、日本の屛風絵や浮世絵などです。それは新しい表現方法として欧州諸国に衝撃を与えました。

この潮流は絵画にとどまらず、文学、建築と、様々な世界にも波及していきました。

たとえば1939年に発刊した谷崎潤一郎の『陰翳礼讃』は、暮らしの隅々まで照らそうとする西洋文化の浸透によって失われつつある陰翳を主題に**かつてそこに美を見出した日本の芸術観**について書かれた本です。

1955年にアメリカで翻訳されたことをきっかけに英語圏でも広く知られることになり、その後フランスでも翻訳され、ミシェル・フーコーといったフランス知識人たちに大きな影響を与えました。

また、ドイツ人建築家のブルーノ・タウトは、1933年に初来日した際、京都の桂離宮を見て、「泣きたくなるほど美しい」の言葉を残しています。

ドイツには「すべての偉大なものは単純である」ということわざがあるように、タウトもまた、桂離宮の「単純さ」と、そこに見える「無限の思想」に惹かれたのです。

実際にタウト自身も、桂離宮を「これ以上単純で、しかも同時にこれ以上優雅であることはまったく不可能である」と評しました。

最近では「無印良品」のシンプルな製品が世界中で愛されているように、**日本人の美意識が現れたプロダクトは、時代を超えて世界から評価されています。**

これらの「日本らしさ」をビジネスに活かすことが、日本にしかできない独自の価値創造につながっていきます。

そしていまは、**日本の魅力を世界に発信するチャンス**です。

これまで日本は国内市場がそれなりに成長していたため、また島国で物理的に海外との距離が離れていたため、一部のグローバル企業以外は、その市場を外に求めることは限定的でした。

しかしEコマースが発展した現代では、世界に向けた発信は容易になりました。

友人の小山ティナさん、塚本ハナさんが立ち上げた、デジタルを通じて日本の伝統工芸を世界へお届けする「POJ Studio」というプラットフォームがあります。

世界中にいる感度の高い層から反響をうけ、そこでは「金継ぎキット」など、工芸に関する商品が人気とのことです。

国内に拠点を置きながら、全世界の顧客とつながり、利益創出の柱を世界での売上にスライドしている企業は増えています。

現代は、社会環境の変化に加え、テクノロジーの進化も後押しし、世界に「日本らしさ」を打ち出していく格好のチャンスなのです。

「意味の価値」は日本国内でも求められる

ここまで、「日本らしさ」が世界に通用する価値を生むとお伝えしました。

しかし、「国内向けのビジネスをしている自分（自社）には関係ない」と感じる方もいるかもしれません。

ですが、「日本らしさ」は海外にビジネスを広げるためだけでなく、**国内向けビジネスにおいても活かすことができます。**

なぜなら、「日本らしさ」は日本固有の魅力でありながら、現代社会で忘れられつつある魅力でもあるからです。

そのきっかけは、**近年の急速なライフスタイルの欧米化です。**

明治以降、日本は欧米諸国に追いつき並ぶために、産業様式、教育制度、価値観など、あらゆる点で欧米に学び、積極的に取り入れてきました。

結果、畳や床の間のある日本建築に住む人は減り、着物は洋服に、食も和食から洋食に、伝統的な手仕事から管理的生産体制へとシフトしていったのです。

しかし、**「日本らしさ」に魅力を感じる感性は、日本人のDNAに刻まれています。**

私がお手伝いしたプロジェクトの多くは、海外の方だけでなく、日本の方々も「新しい」「美しい」「懐かしい」と、反応くださっています。

グローバル化によりどこのショッピングセンターに行っても均一化されたブランドが

並ぶ現代だからこそ、失われた「日本らしさ」を再現できれば、多くの日本人の心に響くはずです。

若い世代は「本質的価値」を求めている

また、「日本らしい価値」とは「意味の価値」の創造でもありますが、日本でもすでに、とくに若い人を中心に「意味」に対して相応しい金額を払う方が増えています。

工芸でできた子供向けの商品を届ける企業「和える」代表の矢島里佳さんとの会話で、そう実感した話がありました。

「和える」では、「日本の伝統を次世代につなぐ」という想いで、日本全国の職人とともに商品を生み出し、直営店やオンラインストアで販売しています。

日本の伝統や職人技の結晶である商品ですから、当然、値段もそれ相応です。

その価格帯から、客層は高齢の方が多いイメージがあったのですが、実際のお客様は20~40代の方が中心とのことでした。

理由を聞くと、若い世代は、かぎりあるお金を何に使うかを真剣に考えていて、お金を節約するところと使うところを見極め、自分にとって心地よい良質なくらしに必要な「豊かさを得られるモノ」にお金を使う方が増えているからということでした。

またコロナ禍において地域経済が難しい状況を迎えるなか、ローカルを支える購買活動も再評価されています。ローカルコミュニティを支える地域の商店を支援すべく、近所のレストラン、本屋、スーパーなどで積極的に消費行動する動きです。

自分自身、京都に移住してからは、身の回りのモノはできるだけ友人、知人から購入するようにしてきました。

衣類は、友人の着物屋や京都発ブランド「Rainmaker」で。

食は、知人の農家の野菜を、知人の作家がつくる器で。

住は、知人の職人やデザイナーが関わる家具を。

デザインのよさはもちろんのこと、モノを通じて、その精神性や美意識を生活に取り入れられる、また間接的にその人の仕事を応援できるという喜びがあります。

さらに、顔の見えている人からの購入は、その後の信頼関係にもつながります。

行きつけのレストランでは少し融通がきくように、衣食住においてもオーダーメイド的な相談や、その後のお直しなどのメンテナンスまで面倒をみてもらえます。そんな「関係性」は、物質的価値を超えてとても贅沢な気持ちにさせてくれます。

つまりこの文脈においても、「意味」のある価値が顕在化しているのです。

行き過ぎたグローバル化への反動として、**信頼や関係性をともなう「意味ある価値」が軸になった、ローカルでの中規模循環経済が見直される**のは間違いありません。

「日本らしさ」はすべての企業に宿っている

冒頭でもお伝えしたように、**「日本らしさ」は、なにも伝統文化や京都の伝統工芸といった「文化的なビジネス」だけに宿っているわけではありません。**

近代産業的な企業にも、そのエッセンスはしっかりと宿っています。

たとえば、先ほど紹介した「調和の精神」です。

日本では居酒屋やスーパーでも、丁寧で細やかな対応を受けられます。私の海外の友人は、日本のタクシーに乗った際、まるで貴族のような扱いを受けたと驚いていました。

この日本の「おもてなし」の心には、「自と他の調和」を重んじる精神性が現れています。だからこそ、世界でも稀有な日本独自の魅力となっているのです。

ユーザーの声に耳に傾けたり、他社とお互いの価値を尊重してコラボレーションをしたりすることも、調和の精神の現れといえます。


他にも、「伝統的資産」というと崇高なもののように聞こえますが、**細部までつくり込む「職人気質」も、日本伝統の資産といえます。**

「仕事だからこだわって当たり前」と思われるかもしれませんが、欧米諸国では、仕事は会社と個人との契約のなかで提供する価値という意識が強いため、日本のように、ものづくりの細部にまで気を配ることは少ないのです。

日本の百貨店が誇る美しいラッピング技術には、海外の友人はみな感動します。そんな「職人的」な働き方を取り戻すことも、これからのビジネスの強みになります。

そして「求道心」のあるミッションや、「美意識」のあるプロダクトやサービスを重視する企業が増えていることは、みなさんも実感していることでしょう。

文化とは「次の世代に価値が受け継がれていく」ことで形成されていきます。歴史のある企業が多い日本では、多くの伝統的な技術や精神性、美意識が途絶えずに伝承され、生活文化や企業文化として受け継がれています。

そういった「日本らしさ」に目を向け、ビジネスにおける武器にすることで、世界に発信できる強みや価値へと転換させることができるのです。

人は社会に役立つとき、充実感と幸せを感じます。

大事なことは、**「世界で選ばれる」というだけでなく、自分の強みを活かして「世界をよくする」「世界に貢献する」という視点**なのです。

ビジネスという「物語」を紡ぐ

どの日本企業も持っている「日本らしさ」に気づくことで、それを武器に、世界に通用する価値を生み出せることが少しずつご理解いただけたでしょう。

ではいよいよ、その「日本らしさ」をビジネスにどう活かすかという話です。

そのプロセスは、ミッション、ストラテジー、アイデア、エグゼキューションの4つのプロセスに分けることができます。

ミッションは、ビジネスの目的を考えることです。

目的が正しく設定できていないと、どんなによいストラテジーやアイデアも機能しないばかりか、見当違いな目的のために疲弊してしまうことになります。

ここでは「社会的大義」がキーワードになり、**日本の持つ「求道心」が、その発見を助けてくれます。**

ストラテジーは、戦略を描くことです。

基本的な戦略は「従来のルールに囚われず、自分が有利なゲームをつくること」であり、そのために「自社が育んできた資産を現代的にアップデートする」ことです。

このアップデートさせる「資産」こそ、**自社に宿る「伝統的資産」を指します。**

アイデアは、自社の価値の魅力をより高める化学反応を考えることです。

「日本らしさ」は強みながら、現代のリアルな生活からは縁遠くなっていることも事実です。暗黙知である感性や美意識を現代に甦らせるには、何かと「掛け合わせる」ことが重要です。

ここで、**あらゆる他者を巻き込み、「調和する精神」が発揮されます。**

エグゼキューションは、実際に手を動かして実現することです。

ミッション、ストラテジー、アイデアは形なきものであり、それを目に見える形、触れられる体験にして社会や顧客に提示する、重要なステップです。

人の心を震わせるには、論理を超えた「美しさ」が必要となります。すなわち、**日本という環境が育んだ「美意識」が、重要な役割をはたします。**

「4つの要素」を、ひとつの物語にする

この4つのプロセスは、必ずしもこの順番に着手する必要はありません。

アイデアが浮かんだなら、アイデアを起点にして「ミッション」「ストラテジー」「エグゼキューション」を整理していきます。

「この技術を世に出したいから何かやろう」「自分がやりたいからやろう」「こんなものがあったらみんな驚くだろう」といった情熱先行でもかまいません。

大事なのは、**4つのプロセスをひとつの物語にする**ことです。

そこに一貫した世界観があり、思わず人に話したくなるような面白いストーリーになっていることが理想です。

銀座の賑やかな中心街から少し離れた静かなところに、本を1冊しか置かない、「森岡書店」というお店があります。

書店員として8年間務めた経歴を持つオーナーの森岡督行さんは、茅場町に森岡書店の第一号店を開き、その地で10年間、作者と読者のあいだに「幸福な会話が生まれる場」として訪れる人を魅了し続けてきました。

この活動を次の段階へ進めていくために、「一冊の本からインスパイアされる展覧会を行う書店」として銀座店をオープンしたのです。

「一冊の本を売る」ことは、いわばアイデアです。

その根底には、「本への深い理解によって、作者と読者の密な関係をつくる」というそれを叶えるために、書店の枠組みにとどまらない活動を推進し、商品開発や空間・展示プロデュースなど、領域を超えた活動をしています。

またお店を開いた場所も、日本のグラフィックデザインの礎を築いたといわれるデザイナーらが集い、雑誌をつくっていた地です。写真やグラフィックデザインとのつながりを大切にしてきた森岡氏にとって、この場所を選ぶのは必然的でした。

ブランドロゴはシンプルなひし形でありながら、そこには「開かれた一冊だけの本」、「小さなひとつだけの部屋」というメッセージが込められています。キャッチコピーも、「一冊、一室」とシンプルながら、同店のアイデアをみごとに体現しています。

つまり、ミッション、ストラテジー、アイデア、エグゼキューションにいたるまで、すべてが統一感を持って物語られているのです。

このように一貫性を貫くことで、そのビジネスに込められた想いの強度が高まり、思わず人に伝えたくなるストーリーが生まれます。

「日本らしさ」とは「人間らしさ」

前置きがだいぶ長くなってしまいました。

第2章からは、「ミッション」「ストラテジー」「アイデア」「エグゼキューション」、それぞれのステップで必要となる、具体的な思考法を紹介していきます。

ただ、「日本らしさ」によって新たな価値を創造する具体的手法に入る前に、「日本らしさ」の根本にある、いちばん大切な思考についてお伝えさせてください。

それは、「素直に考える」ということです。

まだ世界が貧しく、多くの「不便」があった頃、多くの企業は「素直に考える」ことができていました。

誰がどう見ても「不便」だと感じることが社会に満ちあふれていたからです。

たとえば、「夜は暗くて見えにくいから、より明るく安価な電気を」、「移動するのに時間もお金もかかるから、より安価で速い自動車を」つくってきました。

そんなシンプルな思考によってつくられたプロダクトやサービスは、社会に大きな価値を提供しました。そうした企業努力が積み重なっていったことで、世界は飛躍的に便利になっていったのです。

しかし、社会の物質的貧困が次々と解決されていくと、やがて企業が提供できる価値や社会における存在意義はどんどん小さくなっていきました。

事実上のミッションがなくなった状態に至り、日本のものづくりは、「軽量化」「小型化」「安価化」「多機能化」といった、過去のプロダクトを改善して新しいプロダクトをつくるようになったのです。

過去商品や他社商品に目を向けた「よりよく」を目指すものづくりが行われ、**社会の課題解決からものづくりが離れていきました。**

その結果、毎年のマイナーチェンジや、競合より「少しいい」だけの新商品開発が繰り返され、近代産業的な日本企業がつくる価値はますます人々の心から遠ざかり、私たちがプロダクトから受け取る「よろこび」も小さくなってしまいました。

お客さんのことを「素直に考える」ものづくりができなくなってしまったのです。

「素直に考える」ことで喜びを創造する

日本人は本来、「素直に考える」が得意な民族でした。

それは、自然と向き合って営みを紡いできたためです。

自然はあらゆる恵みや豊かさを与えてくれる一方で、ときに牙をむきます。

夏の暑さや冬の寒さ、地震、洪水、雷など、私たちは数々の脅威と「素直に」向き合って、乗り越え、利用し、今日まで歩んできました。

本来、人の喜びはシンプルです。

「お目当てのものが安く手に入ったとき」でも「他の商品よりいいものを買えたとき」でもありません。**「自分の願いが叶ったとき」です。**

だからこそ、新たな価値創造という旅に出るにあたり、ビジネスの視点を「人の目線」に立ち返らせ、かつての日本が持っていた「素直に考える」というマインドを取り戻す必要があります。


「過剰な情報に振り回されず、その中にある真実や真理を探究したい」

「社会的な評価から自由になり、自分の内側から溢れる欲求を叶えたい」

「心身の健康を整えられる自然豊かな環境で生活したい」


便利になった現代社会にも、便利になったが故に失われたものや、新たに生まれた課題があります。

「素直」な姿勢で社会と向き合うことで、現代の人間的な不満や、残された社会課題を見つけ、未来を切り開くための新しい価値を生み出せるのです。

物質的に満たされた現代社会の根本欲求に応える事業を突き詰めていくと、**人の心を豊かにする「人間産業」とも呼べるような新しいビジネスが見えてくる**はずです。

それこそが、これからのビジネスの形であり、役割なのです。


「変われる」ということも、日本の強さです。

日本は災害や戦争の度に、焼かれた焦土を復興し、柔軟に文化を変容させて、適応してきました。いまこそ、その変われる力を積極的に発揮しましょう。

どうか、あなたが持つ価値を転換し、「未だ存在しない、でも私たちが生み出せる」新しい価値を、未来につくりあげていきましょう。

第
02
章

ミッション
──「求道心」で、社会に必要とされる存在意義を見つける

chapter 02

Finding the meaning of Business through the "Curiosity"

「なんのため」のビジネスかを問う

ミッションとは、ひとことで言うと「なんのためにそのビジネスをするか」です。

みなさんは、なんのためにビジネスをしていますか？

「売上を上げるため」「会社を成長させるため」「昇進・昇給するため」……。

どれもビジネスをするうえで必要なことであり、間違いではありません。

ですが、これらはすべて適切なミッションとは呼べません。

ミッションと課題は異なります。

「売上が伸び悩んでいる」「商品力が下がっている」「顧客層が高齢化している」「販売力が落ちている」「社員のモチベーションが下がっている」。これらはたしかに解決すべき課題ではありますが、「課題＝ミッション」ではありません。

「ミッションを設定する」とは、この漠然たるいくつもの課題を一気に解決できる、**拡**

がりのある目的を見つけることです。

よいミッションは、チームの方向性を明確にし、仲間の士気を高め、よい戦略やアイデアが生み出されやすくするものです。

そして、応援してくれる人が現れるなど、プロジェクトが勝手に加速していく面白さももたらしてくれます。

当然、その効果は商品の売れ行きや人気にも好影響を及ぼします。

つまりミッションとは、**それを倒すと、その後ろに存在する課題も次々と解決されていくボウリングのセンターピン**のような存在なのです。

「売上を伸ばす」はミッションにはならない

新商品や新サービスをリリースする際、会社から要求されることは「売上を伸ばす」ことでしょう。

しかし「売上を伸ばす」という目的は、「具体的に何をすればいいか」、つまり解決策への方向性を提示できないため、よいミッションの設定とはいえません。

モノが足りず、それをつくり届けることが期待されていた時代は、「売上を伸ばす」ことが自然にミッションとして機能していました。

新しい商品を出せば売上は上がり、業績も伸び、給料も上がり、欲しかったものが手に入り、生活や社会も豊かになりました。

しかし現在、状況は逆転しました。社会にはモノが溢れ、安全で便利な社会がほぼ実現されたため、モノが提供できる機能的な便益はほぼ満たされています。

「便利なもの」「機能的なもの」「みんなが欲しいもの」が溢れた結果、企業が商品の改善や改良を重ねることで売上を上げる難易度は格段に高まりました。

あえて「売上を伸ばさない」京都の老舗

一方、京都の多くの老舗企業は、あえて売上を上げないように意図的にコントロールしています。これには明確な理由があります。

売上規模が上がると、それに比例して職人を増やしたり、作業を効率化したりする必要があります。ですが、職人の技術が上がるには相応の月日がかかるため、その間、商品の価値創造やものづくりの質にバラツキがでてしまいます。

くわえて、事業が拡大し作り手とお客さんの距離が離れてしまうと、相手の顔が見えなくなり、リアルな反応が感じられなくなるデメリットもあります。

そのため京都の老舗企業の多くは、事業の拡大や成長よりも、**目の前のお客さんのことをしっかりと見て、その人たちに必要とされる独自の存在価値を保つ**こと、そのための適正サイズの維持を重視しているのです。

企業もビジネスも、無理に成長を目指す必要はありません。

人口減少の時代に成長を目指すには、他社とシェアを競うことになるでしょう。

しかし「あの会社とは違う商品を」「あの会社より安い商品を」と、お客さんではなく競合を見たビジネスを続けると、顧客視点から離れた商品やサービスができることになってしまいます。

「売上を伸ばす」ことは、ミッションにならないばかりか、注力することで、そのビジネスを本質的な価値創造から遠ざけしまうことにもなるのです。

「求道心」でビジネスの「存在意義」を追求する

ミッションの概念と重要性は、すでに多くの企業が認識していることでしょう。

しかし世の中の新商品や新事業には、ミッション設定があやふやだったり、企業側のご都合主義によって生まれたと感じたりするものがいまだ多いように思います。

そこで、ミッションを設定する際に、しっかりと考えていただきたいことがあります。それはその**商品、サービス、事業の「存在意義」**です。

便利なモノやサービスがあふれた結果、消費者は機能性で優劣をつけることが難しくなりました。選択肢が多すぎて、選ぶこと自体をも放棄しはじめています。

そんな時代に、消費者の選択基準は**「自分の思想に合ったもの」**という軸にシフトしつつあります。

「エシカル消費」や「応援消費」などの言葉がその象徴でしょう。

つまり企業がビジネスの目的として追い求めるべきは「売上を伸ばすために改善を繰

り返すこと」ではなく「**本質的な価値を見つけ、それを必要とする人に出会わせること**」なのです。自分たちの持つ価値を明確に打ち出し、そのメッセージや価値観を受け入れてくれる思想を持つ人を惹き寄せることです。それによって、自分たちのビジネスはその人にとって「なくてはならない、存在意義のあるもの」となります。

売上はあくまでミッション達成のための指標のひとつであり、ミッションに共感した人々から感謝や応援の証として得られる副次的な結果なのです。

かつて千利休は、茶の湯の過剰な豪華さに反抗し、ついには一畳半にまで茶室を縮小して、主客との真の心の交流を追求しました。

自分の行いと深く向き合い、その意味を求めた先にたどり着いた境地なのでしょう。その後の茶の湯は、型を洗練させ、振る舞いの先にある精神性を追求する茶道にまで昇華されました。

第1章でお伝えしたように、日本人には古くから「求道心」が根付き、**経済的な合理性だけでなく、大いなる何かに導かれた使命を見つける才能**に長けていると感じます。

これは世界市場覇権化を推し進めるグローバル企業には真似することのできない、「日本らしい」企業哲学といえるのではないでしょうか。

「いまあるミッション」を更新する

内外に対して積極的に掲げているかどうか、またその表現の差はあれども、現代ではほとんどの企業がミッションを掲げていることでしょう。

そのミッションを意識して、ここまでビジネスを続けてきたはずです。

しかし、**そのミッションは本当に現代でも通用するものでしょうか？**

「売るべきものはそれでいいのか？」

「その商品の役割はそのままでいいのか？」

「当社の役割は現在でも必要とされているのか？」

従来のミッションや自社の定番商品が、現代でも変わらず必要とされているとはかぎりません。テクノロジーの変化が目まぐるしく、社会環境も急変している現代で、かつての存在意義がいまでも有効とはかぎらないのです。

現代社会で必要とされるビジネスを創造するには、まず、**そもそもの目的や存在意義からアップデートする必要がある**かもしれません。

「価値観」が変わればミッションも変わる

世の中の価値観は時代によって、ときに180度変化します。

たとえば、バブル期の日本には「スパルタやモーレツ的な生き方こそ美徳」といった価値観がありました。しかし現代の社会では、そういった自己犠牲的な価値観は薄れ、真逆の考え方が主流になりつつあります。

会社と社員の関係性が変化すると共に、「24時間戦う人を応援する」から「家族との時間や、休憩の獲得を応援する」といった具合に、会社のミッションも柔軟に捉え直すことが求められるでしょう。

社会の価値観が変わるということは、社会の重要課題がシフトしていることと同義です。つまり物質的不足という課題はほぼ達成されて消滅し、現在は「環境」「ジェンダー」「教育」「健康」といった**精神的で人間的な課題にシフトしている**といえるでしょう。

これは嘆くことではありません。人類の進化と歴史が勝ち取った次なるステージであり、ある種の到達点といえます。

そんな社会を前にして、新しい価値を創造するためには、**これまで当たり前に考えられ、放置されてきたミッションを一度見直す**ことが必須となります。

時代・社会・人を見て考えた結果、これまでとはまったく異なるミッションを掲げる必要に迫られることになるかもしれません。

「変われないミッション」の行き着く先

たとえば現在、百貨店は時代の変化の真っ只中にいるといえるでしょう。

情報が偏在し、「いい物」にアクセスするハードルが高かった時代には、百貨店の「多様（百貨）な物を並べる」というミッションは、高い存在価値を持っていました。

しかし現代では、誰もがインターネットを通じて世界中のモノに簡単にアクセスできます。AMAZONやSNSといったデジタルメディアからボタンひとつで買い物できるサービスも当たり前です。

情報と物が溢れた時代、百貨店は新しいミッションを設定し、業態を変革する必要に迫られているため、最近では、これまで築きあげた価値のなかからそのヒントを探し、積極的に、かつ戦略的に変わろうとする姿勢が見て取れます。

一方、変わる時代のなかで「過去の価値観に縛られたミッション」を持った価値を提供し続けていれば、それは必ずコモディティ化します。

結果、売上を上げるために、奇抜な宣伝手法で消費を無理やり喚起して生活者に買ってもらうような事例が存在していることも否定できません。それでは、商品が生活者を豊かにし、社会をよくするという理想の循環には逆行します。

そのため、これまで掲げてきたミッションを見直し、方向転換を図ることが大切です。その際、既存事業との兼ね合いが問題になりますが、それを乗り越える工夫は、ビジネスの「実現」についての第5章でお伝えします。

「外部要因」によるミッションは弱い

だからこそ、新しい商品、事業を開発する際は、まずはその存在意義を考え直すところからはじめることが重要なのです。

とはいえ、**競合他社を見渡していても自らの「存在意義」は見つかりません。**

モノが溢れる時代において、それでも選ばれる、そして売れるモノを生み出すべく「差別化」戦略が推し進められてきました。

しかし、「存在意義の創造」と「差別化」は別なるものです。

差別化戦略によって、たしかに他と違うものはできるかもしれませんが、それがユーザーにとって「存在意義」のあるものとはかぎりません。

自社の「存在意義」は競合他社を見渡していても見つからないのです。

実際、現代は差別化が細分化しすぎてしまい、家電製品に次々とよくわからない機能のボタンが搭載されるように、もはや生活者からは迷惑とも受け止められかねない状況に至っています。

つまり、**外部の環境要因から導かれたミッションは弱い**のです。

流行りのテクノロジーといった時流に乗っかったミッションも、同様です。

老舗企業が掲げるミッションは、時代の変化を乗り越えた普遍性があるといえますが、それらを見ていると、創業者の強い想い、すなわち**「内的欲求」に起因したミッションが多い**ことに気づきます。

新規事業やプロジェクト、新商品、新サービスなどを立ち上げる際は、時代や社会、人を見て、「WHY（なぜやるのか？）」を徹底して考え抜くことが大切なのです。

そのビジネスで、「社会はよくなる」のか？

「ミッションとは存在意義であり、そこには内的欲求が必要である」とお伝えしましたが、突然、自社のビジネスや商品の「存在意義」と問われても戸惑う方もいらっしゃると思います。

そこで、この言葉の指すところを具体的にしながら、もう少し掘り下げていきます。

まず、わかりやすいのは「社会的大義」です。

つまり、「社会や世の中をよくする」ことです。

かつての大義は「世の中を便利にする」「安全にする」といったことでしたが、それらが満たされたいま、「少子化」「格差」「地域の過疎化」「環境問題」といった課題の解決にシフトしています。

これらの課題解決は社会として望まれていることであり、その解決に寄与することは

「存在意義がある」といえるでしょう。

「想いの乗ったお金の流れを増やす」(READYFOR)
「途上国から世界に通用するブランドをつくる」(MOTHERHOUSE)
「生産者のこだわりが正当に評価される世界へ」(vivid garden)

最近では、この社会的大義をミッションとして掲げる企業や事業が増えています。

私がお手伝いをさせていただいたプロジェクト「GO ON」も、社会的大義のあるミッションを掲げました。

「GO ON」は、京都にある工芸企業の後継者6人によるクリエイティブユニットです。伝統工芸を様々な異分野に取り入れて世界に発信することで、京都が抱える「伝統文化の継承危機」という課題の解決に取り組んでいます。

ここでも、「伝統産業の衰退を食い止める」は課題でしかありません。

その課題を、解決可能で、具体的な到達点のイメージが湧き、みんなが応援したくなる言葉に言い換えたのが、「職人を憧れの職業にする」というミッションです。

京都には世界でも類を見ない伝統や技術があり、その価値の存続を支え、次代につないでいくことは、まさに社会的に大義のあるミッションです。

「手を取り合って」課題を解決する

社会課題を起点にしたミッションであれば、たとえそれが他社と重なってもかまわないでしょう。

少子化、格差、地域の過疎化、環境問題、伝統文化の継承危機など、重要であるにもかかわらずいまだ解決されていない社会課題はいくつもあります。

経済合理性からすると、必ずしも儲かる仕事になりにくいため、解決に向き合おうとする企業は少ないのです。

そのため、社会をよくするために必要なミッションを掲げ、同じ問題に立ち向かう他の存在は、貴重な仲間になり得ます。

奪い合うのではなく、その問題解決が達成されるよう共に手をとり、新たな市場をつくるのです。

「GO ON」

西陣織の「細尾」12代目細尾真孝氏、お茶筒の「開化堂」6代目八木隆裕氏、竹工芸の「公長斎小菅」5代目小菅達之氏、茶陶の「朝日焼」16代目松林豊斎氏、木工の「中川木工芸 比良工房」3代目中川周士氏、金網工芸の「金網つじ」2代目辻徹氏によるクリエイティブユニット。

「ミッション」

職人を憧れの職業にする

「ストラテジー」

伝統工芸を、技と素材と物語に分解し、非伝統産業に忍び込ませる

「アイデア」

老舗後継者によるクリエイティブユニットGO ONを結成

「エグゼキューション」

異分野とのコラボレーションで、
世の中に無い商品・サービス・事業を創発していく

その反対に、複数の企業が掲げ、売上を伸ばしているミッションがあっても、盲目的に飛び付くことはせず、「そのミッションは本当に社会に必要なのか？」「自分たちがやるべきことか？」と自問することは、流行りに惑わされないために大切な姿勢でしょう。

ミッションは「綺麗ごと」がいい

また社会的大義のあるミッションは、一見すると「綺麗ごと」に聞こえるかもしれません。言葉にするには少し恥ずかしい、「理想」や「夢」に見えることもあります。

しかし社会課題を解決するには、**この綺麗ごとと共感こそが、ビジネスの経済合理性を乗り越える力を持ち得る**のです。

私自身、「職人を憧れの仕事にする」を掲げた「GO ON」のプロジェクトも、当初は社内でもまったく理解を得られませんでした。

「そんなことより売上はどうなのか」という厳しい指摘を何年も受け続けました。

しかし諦めずに粘り強く続けていくうちに、グローバルメディアからの取材、世界の名だたる一流ブランドとのコラボレーションなど、思わぬところから少しずつチャンスが舞い込んできたのです。

それだけではありません。理解者がいないかに見えた社内からも、しだいに協力者が現れはじめたのです。

とくに共感を示してくれたのは、20代の方々でした。最近の学生が就職先選びにおいて重要な点として「給与」よりも「社会貢献」を上位に挙げるように、この世代は「社会をよくしたい」という想いが強く、仕事にも社会的意味を求めます。

たとえ綺麗ごとであっても、それを主張することで、思いもよらぬ力添えを得られることがあるのです。

社会の求める価値は、無常です。

新しいミッションを発見し、未知の価値を創造することこそ、企業への、そして社会への本当の意味での貢献となります。

いまの世の中に必要なものを考えることは、新規事業や商品開発に従事する人だけでなく、社会に参加しているすべての人ができることであり、すべきことです。
たとえ綺麗ごとや青臭く聞こえる想いでも、それが周囲の人を動かし、企業を動かし、社会を動かす原動力になります。

また、企業だけでなく、事業部や商品、サービスなど、社会と関わるすべてのものにミッションはあります。

会社全体のミッションとはつまり企業理念ですが、これを変えることが難しくても、商品やサービスに込められたミッションを見直すことで、既存の製品に別の役割が生まれ、社会要請と結びつき、新たな存在意義を得られるでしょう。

「社会的大義」がもたらすもの

ここまでの話を聞いて、「社会的大義が大事なことはわかったけど、稼ぎにならずビジネスが立ちいかなくなっては意味がない」と感じた方もいると思います。

たしかに売上はミッションにはならないとはいえ、企業存続のためには欠かせません。でも安心してください。すでにお伝えしたように、ミッションは「それさえクリアすれば他の課題も解決できるセンターピン」なのです。

つまり社会的大義のあるミッションを設定できれば、その事業は必ず人や社会に支えられ、売上にも十分に寄与していきます。理由はふたつあります。

ひとつは、「異世界の同志と共創できる」からです。

社会的課題は、困っている人が多いから社会的に課題となっています。

そのため社会的大義を掲げていると、その「意味」に共感した人が力添えしてくれることは、先ほどお伝えしました。

さらにその協力者は、ときには業界や国境を越え、別世界からも現れます。

社会をよりよくしようという「意味」は、ときとしてあらゆる障壁を乗り越え、なによりも強力に人を、そして企業を動かすのです。

詳しくは第4章でお伝えしますが、価値がコモディティ化してしまった現代では、異質なものとの掛け合わせが新たな価値を生み、業態転換を実現します。

社会的大義を掲げることで、**企業存続に必要な化学変化を起こすコラボレーションやイノベーションのチャンスが舞い込んでくる**のです。

「1200万円」を集めた、京都の名家

もうひとつの理由は、「新しいファンと出会うことができる」ためです。

その力をいちばん強く感じたのが、「THE KYOTO」でのクラウドファンディングの事例です。


生け花や茶の湯、能、工芸といった伝統文化は、かつては宮廷が、そして各地のお殿様が、近代なら企業経営者たちがパトロンとなって支えてきました。

しかし現代ではパトロン文化が薄まり、伝統文化に存続の危機が訪れています。

その課題を解決するためのプラットフォームが「THE KYOTO」です。

「THE KYOTO」

京都の伝統文化を世の中に発信し、次世代につなぐために、文化と人を結びつけるプラットフォーム。「知る」ためのメディア事業、「出会う」ためのサロン事業、「育てる」ためのクラウドファンディング事業を展開している。

「ミッション」

京都に集積する日本文化を次世代につなぐ

「ストラテジー」

グローバルな文化・アートのコミュニティを創造する

「アイデア」

メディアを通じて文化を知り、サロンでアイデアを語り、
クラウドファンディングで社会に実装する、参加できる共創型プラットフォーム

「エグゼキューション」

モバイルを通じた美と哲学を磨く習慣を届けるアプリと、
大工と職人によって生み出された美しいリアルサロンスペース

「グローバルな文化・アートのコミュニティを創造し、京都に集積する日本文化を次世代につなぐ」をミッションに掲げ、「知る」「出会う」「育てる」の3つの事業を組み合わせています。

「知る」は、京都の文化を新しい切り取り方でお伝えするメディア事業。

「出会う」は、本物の文化体験を通じて異質な繋がりと交流をうむサロン事業。

そして「育てる」が、未来の文化を創るアイデア・人・お金を結びつけるクラウドファンディング事業です。

京都にある和歌の名家「冷泉家」が「THE KYOTO」にてクラウドファンディングを行なった際、その社会的意義が共感を呼び、多くの賛同者を集めました。

冷泉家は、「歌聖」と謳われた公卿・藤原俊成と藤原定家から連なる歌道宗家であり、その歴史は800年にもなります。日本で唯一、完全な形で現存する公家屋敷を有する家でもあります。

その冷泉家が、貴重な資料を保存すべく、日本古来の漆喰塗りの土蔵の再建を目的としたクラウドファンディングを実施しました。

するとその情報が若い世代を中心に共感を集め、SNSで爆発的に拡散し、目標の3倍以上である1200万円以上を集めることができたのです。

和歌のファンが年々、高齢化しているなか、多くの若者世代に支援いただけたことは、冷泉さんにとっても予想外の喜びだったようです。

いまは若い世代だけでなく、**社会全体で「世の中をよくすることを応援したい」という気運が高まっています。**「失われかけている日本文化を伝承させる」ことは、まさに社会として取り組むべき課題だったのです。

そのため、たとえ綺麗ごとであっても、掲げることでそれに共感した人たちが集まり、その応援者たちが新たな価値創造の推進力となり、結果的に利益や企業存続にもつながるのです。

こうした**チャンスを呼び込むための旗印こそが、社会的大義**なのです。

それぞれの意志や共感によってこの旗の下に集うつながりは、競争やコモディティ化とはまったく異なる世界です。

こうした世界に身を置き、社会に対して役割を果たすことで、自らの存在意義がより強固になります。

そもそもビジネスは、「世の中をよくする」ために存在していたはずです。

その原点に立ち返ったミッション設定ができているかどうかを判断する際に、「社会的大義になっているか」という視点が、ひとつの評価基準になるといえます。

本質的価値のある「意味」を発見する第一歩として、自社の商品やサービスが解決できる社会的大義を探してみてください。

「視点」を変えて世の中を見る

「社会的大義のあるミッションは強い」とお伝えしましたが、自社のビジネスと社会的大義に距離を感じる方もいらっしゃるかと思います。

そこでここからは、社会の課題を発見するためのいくつかの視点をご紹介します。

その課題を「宇宙」から検証する

ひとつは、「宇宙人の視点」です。

自分を主体として社会的な課題を見つけようとしても、見えるのは関わっている範囲のみで、思考には限界があります。

そこで、より大きなところに視点をスライドさせて、社会を俯瞰的に見てみます。

「日本人が抱える課題はなんなのか？」「アジアにおける問題は？」「地球が抱える課題は？」と、**まるで宇宙から地球を見下ろしているかのような視点で課題を考える**ことで、よりスケールの大きなミッションが見つかります。

また、この視点で見つけたミッションは、より多くの方が共感してくれるという利点があります。

たとえば「GO ON」の「職人を憧れの職業にする」というミッションの土台には、

「伝統産業を未来へつなぐ」という想いがあります。

伝統工芸が危機に瀕しているのは京都や日本だけでなく、中国や欧州といった、世界中の国に共通した社会課題です。

視点を広げ、「世界中の工芸が大量生産品によって絶滅に瀕している状況」に気づいたことが、「GO ON」を世界展開しようと決断した理由でもありました。

結果として、京都の伝統工芸の後継者たちによるプロジェクトは世界中から共感を得て、欧州などの様々なメディアから賞賛と応援の声を得ています。

このように、大きな視点から社会課題を探すことで、より強いミッションを掲げることができ、プロジェクトの波及力も大きくなっていきます。

その常識は「いつ」できたのか

社会の課題を見つけるためのもうひとつの視点は、「人類の時間軸」で考えることです。先ほどの「宇宙人の視点」が3次元での視点移動だとしたら、こちらは4次元での視点移動です。

人類の長い歴史のなかでみると、**自分たちが当たり前だと思っている常識やルールも、意外とほんのここ数十年の間にできたばかりである**と気付けます。

たとえば、着物です。着物は着方や着こなし方に厳格なルールがあり、ハードルの高い印象があります。自分も、「着物とはそういうもの」という認識でいました。

しかし着物の歴史を調べてみると、そういったルールができたのは戦後のこと。江戸時代の写真や絵を見れば、みんな自由な柄や着こなしを楽しんでいたのです。

そこでようやく、いまあるルールは当たり前のものではなく、これは解決すべき課題であると気づけました。

「フラットな感覚で見る」ということは、意外と難しいものです。

ですが、こういった意図的な視点移動をすることで、「大勢の困っている人がいる」「いまの状況は当たり前ではない」と気付くことができ、それは「解決すべき課題だ」と認識できます。

目の前の常識に縛られず、固定観念を超えた強いミッションを見つけるためにも、このふたつの視点は忘れないでください。

「そこにある不満」に目を凝らす

社会に残された課題の解決に自社のビジネスが寄与できるのであれば、ミッションとして掲げてみましょう。

そうはいっても、自社のビジネスと社会的大義をつなげるのはやはり難しいという方は、身の回りにある不満や悩みに目を向けてみてください。

誰かの課題や悩みを解決できるのであれば、それは存在意義があるといえます。

会社の立場や事情を忘れて、あくまで普通の人の普通の感覚で、身の回りにあるみんなの不安や不満、そして自分の不安を探し、その解決をミッションとして掲げてみてください。

たとえばコロナ禍であれば、「友達に会えない」「打ち合わせがリモートになったから雑談ができない」「飲み会での他愛もない会話からアイデアが生まれてくることがない」「偶然的な出会いがなくなってしまった」といった悩みや不満が見てとれます。

爆発的な流行を見せた音声SNS「Clubhouse」は、そういった日常の不満をうまくとらえたサービスといえるでしょう。

「存在意義」や「社会的大義」と聞くと、「世界を救うような仰々しいものじゃないといけないのでは」と、発想のハードルが上がってしまいますが、目の前のひとりの課題を解決するものにも存在意義はあるのです。

そして、こういった社会の不満などの「空気」を読むことは、他人の感情に想いを寄せ、敏感に感じ取る精神性を持った日本人が得意なことです。

商品やサービスを考える際は、日常の些細な不満に目をむけると、よいミッションが浮かんでくるでしょう。

「過去」のデータから「未来」はつくれるか

日常に潜む不満や課題を見つけるために、ユーザーリサーチをする企業は多くあります。多くの企業が行なっている方法として、WEBやハガキでのアンケート調査、ユーザーを集めたヒアリング調査などがあります。

ですが残念ながら、これらの手法は万能ではありません。

なぜなら顧客は既存の常識に縛られており、その延長線にあるヒントしか出してくれないという実情があるからです。

売上データも、あくまで「いま支持されている価値」に対する顧客の反応を示したものです。「これから支持される価値」を創造するには、人々の行動やデータに現れていない不満まで想像しなくてはなりません。

過去のデータマーケティングからは、「iPhone」や「Uber」などのイノベーティブな商品やサービスは生まれてこなかったでしょう。

大切なのは、「そのミッションが本質的に必要なのか」、そして「まだこの世に無い商品だとしても、社会をよくすることがありありと想像できるか」なのです。

「人間的欲望」に素直になる

日常から「課題」や「問題」を探す方法を、もうひとつ紹介します。

それは、「人間的欲望に素直になる」ことです。

いま人々が行なっている行動でも、それは**マーケティングやプロモーションによって動機づけられているだけ**ということもあります。

たとえばスマートフォンのアプリやオンラインゲームなども、人を惹きつけて離さない仕組みや工夫が多数盛り込まれています。

その結果、現在の日本人は一日平均3時間、高校生においては平均4時間もスマホを見ているといわれます。

しかし、人々は本当に心から「スマホを見ていたい」と考えているのでしょうか。無意識のうちに行動したり習慣になっていたりするだけで、本当はそこから解放されたいと、心では願っているかもしれません。

実際に、星野リゾートが積極的に展開する、デジタル機器をフロントに預けて自然体験や文化体験を満喫する「脱デジタル滞在」は人気を博しています。

こういった**「理性からの解放」を与えてあげることも、「存在意義」のあるミッションといえます。**

現代人が求める「野生の解放」

この「理性からの解放」をミッションとして掲げて成功しているのが、アウトドア用品メーカーの「スノーピーク」です。

スノーピークは、「この惑星の未来に、〝ＮＯＡＳＯＢＩ〟を」というミッションを掲げ、キャンプ愛好家以外にも、「人間性を取り戻す手段」として自然と触れ合う体験を提供しています。

「自然と触れあうことによって、人間性を回復してほしい」との思いから、キャンプ用品を開発するだけでなく、キャンプ場の開発や、熟練スタッフによるキャンプ指導、地域民によるアクティビティといった企画など、あらゆる形でアウトドアの楽しみかたを提案しています。

このミッションや活動が共感を呼び、国内に多くの愛好家を抱えるだけでなく、アジアやオセアニア、ヨーロッパといった世界各地に拠点を持ち、支持を集めています。

まさに、常識や社会規範によって形成された欲望ではなく、人間本来の欲望を満たしてあげたことが、支持の理由でした。

子供の頃は誰もが自分の欲望に素直に従っていたのに、大人になると、いつしかそういった感情を押し殺して生きるようになってしまいます。

抑圧された状態から人を解放し、人として自然な状態にしてあげる。

つまり、**理性に押し殺されている野生を取り戻させてあげる。**

これこそ、いまの社会や人々が本質的に求めていることなのではないでしょうか。

豊かな社会で「欲望のスイッチ」を入れる方法

ですが、この「押し殺されている欲望」に気づくことは簡単ではありません。

物質的に豊かになり、だいたいの欲望が満たされ、多くの人が無意識に不自由なく生きることができる現代社会では、私たちは欲望のスイッチが非常に入りにくくなっているのです。

そこで、日常で感じづらくなっている根源的な欲望に気づくには、**一度、身の回りにある「便利」から距離を置いてみる**とよいでしょう。

たとえば旅にでて、便利な機器や環境から離れ、あえて不便な状態に身を置いてみます。あらゆる感覚が飢餓状態となることで、再び欲望のスイッチが入り、五感や感性を取り戻すことができるでしょう。

これまで便利だと感じていたものがなくなったとしても、意外となんとも思わないかもしれません。するとそれは、本質的な価値ではなかったといえます。

新商品を開発する場合でも同じことがいえます。

既存商品を使用して改善点を探しても、本質的な欲望から外れた、**重箱の隅をつつくようなことしか見つからない**かもしれません。

それならいっそ、その商品を使わないで過ごしてみてはいかがでしょうか？

そこで感じた不便さこそ、解決に注力すべき本質的な問題なのだと思います。

キャンプやサウナ、そして大自然のなかで行う禅などが多くの方に支持されているように、私たち現代人は、日常の忙しさから離れて、自然に帰りたがっています。

むしろ現代社会に顕在化している欲望は、消費社会によって生み出された、本質的には望んでいない行為であることのほうが多いかもしれません。

これからは「お腹を空かし、それを満たすこと」「体を動かし、疲れてよく眠ること」「家族と親しく触れ合うこと」、そんな**人間の根源的な欲を基本とした価値**を求める姿に社会が戻っていくことでしょう。

理性から解放されて野生を取り戻したときに、人は本来の喜びや生きがいを感じたり、クリエイティビティを発揮できたりします。

この人間本来の姿を取り戻すお手伝いをすることは、大きな存在意義のあるミッションとなるでしょう。

「エゴのスケール」を広げていく

「人間的欲望」からミッションを考えることの大切さをお伝えしましたが、それは個人にもいえることです。

つまり、自分の持つ「エゴ」もミッションになるのです。

たとえば「GO ON」のプロジェクトに関わったのも、もとはといえば、自分の個人的なエゴからでした。

それは「日本的なかっこいい家具が欲しい」「京都の若旦那と仲良くなりたい」という不純な動機です。せっかく海外から京都に来たのだから、自宅には職人の技術が詰まった家具が欲しいし、京都の遊びを体験してみたかったのです。


とはいえ「伝統工芸の家具が欲しい」というエゴも、それを「世界中に伝統工芸の家具を行き渡らせたい」までスケールを広げると、社会的大義になります。

自分だけがメリットを享受するならただのエゴで終わりますが、その**スケールを広げ、他の人も享受できる状況にすれば、自然と社会のためになる**のです。

あなたが強く感じている欲望があれば、そのエゴのスケールを拡げてみてはどうでしょう。きっとそれは、他の人も強く願っていることです。

エゴは逆境に立ち向かう力にもなる

エゴから始まったミッションは、強い推進力も与えてくれます。

新しいことは何でも、社の内外を問わず、多くの反対意見に晒されるものです。

そんな逆境に立ち向かうとき、**プロジェクトの消えかかりそうな火種を守るのは、あなたの「エゴ」です。**


「GO ON」に私が抱いたエゴも、不純に聞こえるかもしれませんが、自分勝手だからこそ、誰かに反対されたり否定されたりしても粘り強く続けられました。

さらに、自分という想定ユーザーがいるので、プロジェクトが妄想だけでなく、具体的な形になりやすいという利点もあったと感じています。


逆境や苦境に立ち、協力者さえ望めない状況では、「自分自身が何としてもやりたい」という強い想いがなければ、気持ちも計画も折れてしまいます。

私もときに、うまくいかない理由を他者のせいにしたり、被害者意識を持ってしまったりもします。そんなときは自分に「では、辞めたいのか？」と問いかけます。

他責の弱さを乗り越え、自分を勇気づけてくれるのが「エゴ」なのです。

「ソーシャルインパクト」を生み出せるか

ミッションにおいては「綺麗ごと」や「自らのエゴ」が大切だとお伝えしてきました。

「意味の時代」では、こういった理念や衝動が大切であり、それが共感を集めることはまぎれもない事実です。

しかしそれだけでは、多くの人を巻き込み、結果を出すことは難しいでしょう。

社会的大義も、それを成し遂げる目算が必要なのです。

たとえば私は、社会的大義を掲げながらも、現実的な算盤勘定もしています。

これは、そのビジネスが「いくら儲かるか」を考えるのではありません。

そのビジネスが**「社会にどれだけの富を生み出せるか」**ということを考えます。

「THE KYOTO」では、この事業によって生み出せる社会的なインパクトも考えています。

京都の伝統産業の年間の生産額は約1500億円で、この数値は年々減少しています。私は京都市の伝統産業の審議委員もお手伝いしており、そこでは、この伝統産業の市場規模を今後どのようにしていくかを話し合っています。

普通に考えると、「これまでの減少幅を少しでも小さくする」という、消極的な結論になります。

でも世界にまで目を向ければ、京都の工芸や和食といった伝統に相当のお金を払いたいと考える人は優に10万人は存在するでしょう。

そこで私は、世界中で年間10万人が100万円を京都の伝統産業に消費してくだされば、総額で1000億円の市場創出となり、既存の市場規模の半分以上をまかなえるのではと考えました。

また、自分の周りでもファッション、旅、食事など、自分の趣味には年間に相当額の消費をしている友人がいて、その関心が工芸や着物、和の文化へシフトしているように感じています。

そのため国内であっても、感度の高い層が、ファッション、車、鞄でなく、そこに費やしていたお金を着物や工芸品にシフトすることは、十分にありうるシナリオです。

問題は、その人たちと京都の文化がつながりきれていないことでした。

そのつなぎ役を「ＴＨＥ ＫＹＯＴＯ」が担えれば、消費のシフトを実現できると仮説を立てたのです。「グローバルな文化・アートの愛好者をコミュニティにすること」をミッションに掲げ、コミュニティの力で文化を応援する消費循環の創造に貢献できればと考えています。

「論理と公益」の企業活動

社会に与える影響まで描けたミッションを掲げられると、その市場や業界に関わる他のプレーヤーを巻き込む速度が加速します。

「社会的大義」に論理的な実現可能性や経済的意義が実装されることで、より多くの人が「自分ごと」として手を差し伸べてくれるのです。

自社だけが稼いでも、社会への貢献は限定的です。

ですが、新たな市場を創出できると、そこには新たなお金の循環やプレーヤーが生まれ、やがて副次的な需要や供給も芽生え、多くの人がその恩恵を受けることができます。

複数の仕事が生まれ、多くの人に利益をもたらす。

まさに市場の創出は、社会的大義のある活動なのです。


「日本の資本主義の父」と呼ばれる渋沢栄一も、自身の著書『論語と算盤』のなかで、「論理と公益を重視した企業活動」を説いています。

他者を叩き落として自らが這い上がることを考えていては、社会はよくはなりません。

自らも含めて社会全体で幸せになれるような、ソーシャルインパクトのあるミッションを掲げてみてください。

「仲間の存在意義」も創出する

ビジネスに存在意義をもたらすミッションを描く際、チームメンバーの「やりがい」も無視できません。

なぜならビジネスを推進していくうえで、仲間の存在は不可欠だからです。

たとえ社会にとって意味があっても、やっている仲間にとって意味のあるミッションでなければ、ビジネスは駆動しません。

ここで注意してほしいのが、**「経済的成長」だけを仲間たちの働く意味にしない**ことです。本章の冒頭でお伝えした、ビジネスにおけるミッション設定と同じです。

社会的大義の解決は中長期的に見れば自社に利益をもたらすとお伝えしましたが、経済的合理性の外に取り残された課題の解決は、短期的な売上を期待するだけなら非合理的な選択と言わざるを得ません。

またＶＵＣＡの時代、ビジネスに絶対はありません。新しいことをやろうとすれば、なおさら、その先行きを見通すのは難しくなります。

だからこそ、新しいプロジェクトを共にする仲間と、これから迎える数々の困難をむしろ楽しんで乗り越えていくためにも、経済的成長だけでないミッションを設定することが重要なのです。

精神的報酬が、仲間の「BE」を実現する

適切なミッションが提供するもの、それが「精神的報酬」です。

精神的報酬とは、「人や社会の役に立っている」「自分は成長できている」といった自己肯定的感情のことです。

前述した経済の停滞という状況もあり、**人々が価値を感じる対象が、「結果」よりも「状態」にシフト**しています。

つまり、「何をやったか、成し遂げたか」から「自分はどんな存在なのか」へ。

「what to do」から「what to be」へと、求めるものが変わっています。

長い歴史や社会全体から見れば、どんな挑戦も些細なことです。チームの努力や成果が社会に生み出す価値や、与える影響は、ほんのわずかかもしれません。

「自分の仕事は、誰かを救えているのだろうか」
「どれだけ頑張ったところで、何も変えられないのではないか」
「この努力に意味はあるのだろうか」

社会的課題を解決する難しい仕事であればあるほど、メンバーはこれらの無力感に苛まれ、心折れそうになることもあるでしょう。

そんな状態からメンバーを救うものこそ、「チームの中で大切な存在である」という精神的報酬です。結果はどうあれ、いまの状態を共に楽しめる仲間がいれば、人は挑戦を続けられます。

私自身も「尊敬できる仲間と意義のある挑戦ができている」といういまの状態こそ、

他に代え難い最高の報酬と、日々感じています。

適切に設定されたミッションは、**ビジネスの存在意義だけでなく、働く仲間たちの存在意義も高めてくれます。**

たとえすぐには成果がでなくても、「仲間と助けあっている」「少しでも前に進めている」という手ごたえがあれば、人は挑戦し続けられます。

その絶え間ない挑戦が、ビジネスをやがて成功へと導いてくれます。

「そのミッションで、仲間はやりがいを感じられるか？　成長できるか？　自己実現できるか？」

この観点も、ミッションを考える際に大切にしていただきたいポイントです。

第 03 章

ストラテジー
──「伝統的資産」で、競争のないフィールドを創造する

chapter 03

Creating a non-competive field with the "Traditional Assets"

「資産」を分解して、異領域に忍び込む

現代は、資金や労働力を豊富に持つグローバル企業が国内のみならず世界での覇権をめぐり、しのぎを削っている状況です。莫大な資金を投入して商品を大量生産し、多大な労働力でシェアや販路を拡大する。それができるのは大手企業だけです。

その世界に、「ヒト」「モノ」「カネ」が限定的である小さきもの、つまり「持たざるもの」が正面からぶつかっていくのは、賢明とはいえません。

では、小さきものは高望みせず、身の丈にあった規模で満足すべきなのでしょうか。

いえ、そんなことはありません。

他が持ち得ない独自の強みを発見し、それを意外なところで発揮する手がないか考えてみるのです。

「工芸品を、技と技術と物語に分解し、非伝統産業に忍び込ませる」

（GO ON）

「閉館後の映画村を舞台にして、ライブで時代劇を見てもらう」

（太秦江戸酒場）

「京都岡崎に集積する文化施設を、夜間限定で明治へ旅するテーマパークに」

（岡崎明治酒場）

「日本文化が堆積する京都とコラボレーションし、日本ならではの家電を探求する。」

（GO ON×Panasonic）


これは私がこれまでに構想したプロジェクトの「ストラテジー（戦略）」です。

どれも独自の価値を意外な場所で発揮することで、「意味」の価値を生み出すべく工夫してきました。

戦略の名著『孫子の兵法』にも、「戦わずして勝つ」が最善の策とあります。

既存の市場でトップになるのが難しいなら、新たな価値によって、新たな市場、マーケット、ルールをつくり、そこでトップになればいいのです。

小さきものが規模の経済に負けないためのしたたかな方法を描くこと、それが「戦略を描く」ということなのです。

「ゲームに勝つ」ではなく、「ゲームをつくる」

いまは新しいテクノロジーや技術を活用したゲームチェンジャーがあっという間に従来の産業構造を変えてしまう時代です。

フェイスブック、アマゾン、ネットフリックス、ウーバーなど、現在、業界の覇権を握っているといわれる企業やサービスはどれも、アイデアやテクノロジーによって新しく独自のフィールドを構築して市場に参入し、成長しました。

一方、日本の多くの企業は、これまでのルールの中で必死にその技を磨いています。

しかしそれでは、他者と微細な違いを競う争いに巻き込まれ、顧客にとって本質的な価値を創造するには至りません。

これからは、**ルールは変えられるという前提を持って挑戦する**必要があります。活用できる資源や投資できる資本が限定的な企業や人が市場で勝つための、唯一にして最大の戦略は、自分が有利なルールを考え、ゲームチェンジを仕掛けることなのです。

既存のゲームをハックした「伝統的資産」

つまり戦略とは、「独自の価値を、どこで発揮するか」を表したものです。

では、この「独自の価値」とは、いったいなんでしょうか。

それが、「日本らしさ」のひとつである「伝統的資産」です。

言い換えるなら、**日本という環境において大事に育まれてきた資産**、です。

日本には、その長い歴史によって研ぎ澄まされてきた独自の価値があります。

私が京都に帰任したばかりの頃、ある方の活動に衝撃を受けました。

それは、京都に元禄元年（１６８８年）から続く西陣織の老舗「細尾」の家に生まれた細尾真孝さんの挑戦です。

音楽活動やジュエリー業界などを経て、２００８年から家業に携わるようになった細尾さんは、西陣織の世界では前例のない、様々な革新を行なっていたのです。

着物の帯に使われていた西陣織を、帯の用途に囚われず、唯一無二の素材と捉えることで、ファッションのテキスタイルや高級スペースの壁紙、アート作品まで、その新しい用途を次々と開発していました。

その結果、「クリスチャン・ディオール」や「ルイ・ヴィトン」といったラグジュアリーブランドの店舗の壁やインテリアに使用されたり、「ミハラヤスヒロ」といった数々のファッションブランドの服に取り入れられたりと、異業界にまで西陣織の可能性の幅を広げていきました。

まさに、西陣織という「伝統的資産」の価値を、それまでとは異なるフィールドで発揮し、新しいゲームを創造した素晴らしい例です。

私は、この構造はその他のビジネスにも応用できるのではないかと考えました。そこで、その後、細尾さんも参加されているクリエイティブユニット「GO ON」に携わらせていただくことになった際、この構図を仕組み化して再現してみようと考えたのです。

「GO ON」に参加している工芸の持つ伝統的価値を分解し、その要素を和のライフスタイルでなく、インテリア、デザイン、アート、観光といった様々な異領域に展開していくことを目指しました。

結果として、「GO ON」から生まれたプロダクトの多くは、欧州の名だたる美術館に所蔵されるなど世界でも高い評価をいただきました。

日本の持つ「伝統的資産」を活かして周辺領域をハックできれば、そこには無限の市場が拡がっていることがわかったのです。

敵を知り、強みを知って、「忍び込む」

「GO ON」の例では、他の海外企業がデザイン性や機能性で競っている市場に、日本の持つ「伝統的資産」という武器を携えて参入しました。

自分たちだけが持っている価値を最大限に発揮することで、大きな相手と競り合わない「自分が有利なゲーム」を見出せたのです。

これは、伝統工芸だけにかぎられたことではないと考えます。この事例に見られるふたつのポイントを押さえていただければ、いかなる業界や業種でも同様に「有利なゲーム」を創造できるでしょう。

ひとつめのポイントは、「相手を知る」ことです。

ルールを変えるには、**既存のゲームを理解し、ハックする**必要があります。

建築、インテリア、ファッションなど、これから挑む世界のグローバルなルールをまずは理解しなければ、ゲームに参加することさえできません。

しかしゲームを理解できたとしても、そこで独自の強みを発揮できないことには、既存の強豪たちに一日の長のある世界では簡単に埋没してしまいます。

そこで大切なのが、もうひとつのポイントである「自分の強みを認識する」ことです。

自分だけが持つ価値を認識し、それが活きるルールをつくるのです。

その際、規模に関係なく、どの日本企業も備えているはずの「伝統的資産」を意識すると、他社が真似できない強みを発見できます。

これが、私自身が工芸、芸能、文化、ベンチャーなど様々な世界と関わり、儚きもの、小さきもの、持たざるものが、どうすればその状況を逆転できるかを必死に考え、実践してきた末にたどりついた戦略です。

「GO ON」は自らを**「忍び込むクリエイティブ・ユニット」**と名付けています。既存の市場に真正面からぶつかるのでなく、攻める世界の真理を理解しつつ、忍者のように忍び込む。競争するのでなく、相手の一部に自然と溶け込むのです。

この「忍び込む」ことを、みなさんにも実践していただきたいと思います。

自社にしかない価値は、国内のみならず世界にまで響く可能性があります。競争の激しい既存市場に迎合した価値をつくるのではなく、自分たちだけが持つ価値を見つけ、それがオンリーワンになれる市場や顧客を創出する。

これがゲームチェンジであり、「戦略を描く」ということです。

ところが多くの企業が、「自分たちの核となる価値」に気づけていません。

そこには、構造的な理由があります。

この章では、自らの価値に気づくことが難しい理由に迫り、解決策をお伝えします。

みんな、自分たちの「価値」に気づいていない

自らが持つ「伝統的資産」を見つけ、その強みに有利なルールの中で新たなゲーム（つまり市場）を生み出す作戦が、私が考える「戦略」です。

どの企業にも柱となる主力商品やサービスがあるように、その企業固有の価値というものが存在します。

主力の商品やサービスと、自社固有の価値。このふたつは一見するとよく似ているため、自社製品について熟知しているのと同じように、自社の価値についても充分理解し

ていると考える方も多いのではないでしょうか。

しかし、**企業内部にいながら自社の本質的な価値を正確に見極めるのは、思いのほか難しい**ことです。

業界内のルールや常識に縛られる、顧客からの従来の期待値をベースに発想してしまう、こういったケースは珍しくはありません。

また、他社や他の商品を基準にして戦略を設計して失敗するケースもあります。競争に勝つことを中心に戦略をたてた結果、自社のミッションと戦略に一貫した物語が流れなくなってしまうのです。

強いビジネスを創造するには、ミッションが「内から湧き出る存在意義」を探す作業であったように、**ストラテジーでも「自分たちが育んできた価値」を見つける**必要があるのです。

「よそもの」視点を取り入れる

しかし人は自分の環境が当たり前になってしまっているため、それを客観的な目線で評価することができなくなっています。

私が日本文化の魅力を発見できたのも、海外で暮らし仕事したことがきっかけでした。日本の治安のよさ、自然の豊かさ、人々の気配りや優しさ、食事の美味しさ、そして伝統的な美意識の美しさ、それは海外と比べることでようやく発見できた魅力でした。

いままで当たり前であったことが当たり前でない環境になってはじめて、人はそのありがたみに気づけるのです。

宇宙から地球を眺めたことのある宇宙飛行士には、その意識にある共通の変革がもたらされるそうです。

それは、美しい地球を守ろうという環境意識や、国境を越えた人々との連帯感を尊重する意識が芽生えるという変化です。

これまで抽象的に「ひとつのもの」ととらえていた地球が具体として眼下に収まり、そこに強い単一性を感じた経験が、この変化を引き起こしているようです。

この変革は「概観効果」と呼ばれます。

私たちが日々生活を営んでいる地球でさえ、外から見ると、また異なった観点からその真の姿をとらえられるようになるのです。

つまり、**ある物事を外から見つめることでようやく、内にいるときにはまったく気づくことのなかった新たな面に気づける**ということです。

「GO ON」でも、この「外からの視点」に助けられました。

プロダクトのアイデアに関わっていただいたデンマークの「OeO」スタジオのふたりのデザイナー、トーマス・リッケとアン・マリーに、自分達では気づけ得ない魅力や海外のルールを教えてもらったのです。

強い戦略を考えるために必要な「自分たちの核となる価値」を見つける際、この「よそもの」視点を意識してください。

一度、外からの視点で自身を見つめ、本質的な価値を探していきましょう。

その戦略に、「自分たちらしさ」はあるか

私がプロデュースさせていただいた東映太秦映画村の「太秦江戸酒場」も、この「よその」の視点によって、本質的な価値を発揮した事例です。

それまでの東映太秦映画村は、アニメとのコラボレーションを積極的に行い、修学旅行生が東映のアニメキャラを楽しみにいくところというイメージが定着していました。

しかし、かつて日本のハリウッドと呼ばれ、世界的な時代劇を数多く生み出した太秦には、それだけではない魅力があるように感じました。

映画監督のクエンティン・タランティーノも、時代劇ファンとして訪れている場所です。また19世紀イギリスを舞台にした時代劇ロマンスドラマ『ブリジャートン家』が、ネットフリックス史上最大のヒットとなっているように、時代劇は世界でも人気のコンテンツです。

そして太秦は、日本文化発祥の地、芸能の原点ともいわれる土地であり、京都の東映

や松竹の撮影所には、時代劇に使われている着物、美術、職人など稀有な資産が膨大にストックされています。

これらの歴史や資産を活かせば、太秦を時代劇の聖地といえるような場に盛り上げることができると考えました。

しかし、時代劇が世界で人気コンテンツであるとはいえ、日本では古臭いイメージがあるのも否定できません。

そこで、江戸時代の酒場へタイムトラベルするという体験を前面に、実際にライブで時代劇を観劇してもらう、という戦略を考えました。

「太秦江戸酒場」と名付け、時代劇を演出する本物の役者さん、大道具さん、舞台さんなど総出で、江戸時代の京都へゲストを迎える劇をつくったのです。

目の前で突然起こる新撰組の辻斬りや、緊張感ある丁半の鉄火場などライブでの時代劇は喝采をもって受け入れられました。日本全国に星の数ほど酒場はあっても、こんな体験ができる場所はここにしかありません。

さらに「時代劇を次世代へつなぐ」という社会的大義に共感した京都の文化人およそ

300人も、セットの中で江戸時代の芸術家としてゲストを迎えてくれるという奇跡も起こりました。

「技術」「素材」「物語」の要素に分解する

とはいえ東映太秦映画村の持つ強い価値に気づけたのは、私が「よそもの」視点でその魅力を素直に見ることができたからかもしれません。

そこで、内部にいる人が意識ひとつで強制的に「よそもの」視点になれる、そのための方法を紹介させていただきます。

それは、自社の魅力を「要素分解」してみる方法です。

自社が持っている要素を、「技術」「素材」「物語」に分解してみてください。

東映太秦映画村でも、時代劇を形づくる要素をこの三つに分解して考えてみました。

「技術」は役者さん、そして美術の職人さんたちが持つ卓越した技術。

「素材」は江戸時代を細部まで緻密に復元した精巧なセット。

「物語」は日本の芸能文化発祥の地ともいわれる歴史です。

「太秦江戸酒場」

本物の時代劇のセットのなかで、時代劇の役者に囲まれ、茶の湯・お華・お能・工芸・日本酒・京料理・信仰など、リアルな文化体験を体感できる空間。あらゆる領域を超えた京都の文化人が交流し、未来の文化を探求したエンタメパーク。

「ミッション」

テレビ番組から消えた時代劇を次世代へつなぐ

「ストラテジー」

閉館後の映画村を舞台にして、ライブで時代劇を見てもらう

「アイデア」

伝統文化のエンタメパークを京都に生み出す

「エグゼキューション」

職人や演者たちの技術によって圧倒的な質感で江戸幕末の世界を再現する

この3つの要素に分けることで、自分たちの「伝統的資産」が認識できるとともに、異なる世界に忍び込み、独自のゲームを創造するための武器が見つかるのです。

次ページからは、この3つの要素についてそれぞれ紹介していきます。

枯れた「技術」に価値がある

日本には「削る・織る・磨く」といった手仕事による技法から、製品の小型化や軽量化といった工業的技術まで、じつに多くのユニークで優れた技術が存在します。

そして技術というと、新しい技術が常に優れていると考えられがちですが、最新技術を追うことがかならずしも正解とはかぎりません。

ときに**レガシー的な技術に目を向けることが、大きなイノベーションにつながる**こともあるのです。

本質的な価値を見つけるための3つの要素分解のひとつ、まずは「技術」についてお伝えします。


「GO ON」プロジェクトの一環でもある「Japan Handmade」は、技術をもとに価値創造をはたした事例です。ここでは、伝統工芸が持つ技術を活用してデザインプロダクトをつくり、海外のインテリア市場に忍び込みました。

海外のインテリアやデザインの文脈を研究し、そこで求められる用途から逆算して、西陣織は家具へ、京金網は照明へ、茶筒はテーブルウェアへ、竹工芸はアクセサリーへ、茶碗は調度品へ、技術はそのままに欧米のラグジュアリー空間を飾るプロダクトへ転換しました。

マスターピースになった「木桶のスツール」

「Japan Handmade」のプロダクトは、どれも世界中の富裕層の方々から評価いただだいています。

なかでも「中川木工芸　比良工房」の中川周士さんがつくったプロダクトは格別の評価を受けました。中川さんは、およそ700年前に誕生した木桶の伝統的な製作技法を現代に受け継ぎ、おひつや寿司桶などの美しい木製品を製作し、国内のみならず海外からも高い評価を得ている工房を率いています。

この中川さんがつくった木製のスツール「KI－OKEスツール」は、2015年にロンドンのビクトリア&アルバート美術館のパーマネントコレクションに選ばれました。

工芸品というと和柄や超絶技工の文様などを誇りがちですが、「Japan Handmade」のプロダクトは、一見すると伝統技術による仕事とわからない程にシンプルです。

それでも職人の技術に裏打ちされたプロダクトは、独特のオーラを放ち、世界の目利きを唸らすこととなったのです。

手触りや質感を重視した独自の技術を武器に、世界の市場において「新しい価値」を創造できた事例です。

新たな価値を生んだ「400年の技術」

京都の工芸にかぎらず、同様に、独自の技術を異業界で発揮して世界で評価を得ている事例は枚挙にいとまがありません。

愛知県名古屋市の有松・鳴海地域には、400年以上にわたって受け継がれてきた「有松鳴海絞り」という技術があります。

この「有松鳴海絞り」を受け継ぐ鈴三商店の5代目として生まれた村瀬弘行さんが、存続すら危ぶまれていたこの技法を近代ファッションに取り入れて生み出したブランドが「suzusan」です。

村瀬さんは、自分たちの将来への戦略を描く際、これまで「有松鳴海絞り」が取り入れられてきた「浴衣」では、日本文化の枠から抜け出すことはできないと考えたそうです。

そこで、「有松鳴海絞り」という技術が持つ独自性に着目しました。

「有松鳴海絞り」は尾張藩が定めた専売制によって複雑な分業制が確立されていたため、

非常に多彩な技法が誕生し、通常はひとつの産地に多くて3つほどしかないという染めの技法が、最盛期の有松にはなんと200種類以上も存在しました。

そして二次加工の技術であるため、カシミヤやウール、絞りの技法を用いて形状記憶させたポリエステルなど、様々な素材にも応用できる柔軟性も持ち合わせていました。

「suzusan」は、これらの多様性と柔軟性のある技法を駆使して、ストールやニットなどのファッションアイテムや、ブランケットなどのホームファブリックや照明にいたるまで幅広いプロダクトにおいて、多種多様な柄を表現したのです。


独自の技法を、従来の浴衣ではなく「暮らしのなかにあるプロダクト」として生まれ変わらせたこの取り組みは、世界中のラグジュアリーブランドから評価されました。

パリやミラノファッションウィークでもコレクションを発表し、ヨウジヤマモトをはじめとする多数のブランドとのコラボレーションや、クリスチャン・ディオールなどへの生地の提供を行うまでに至りました。結果、現在は23カ国、120店舗で販売されるブランドに育っています。

まさに、独自の技術を、異文化や異業界へと忍び込ませ、唯一無二の価値を創造した素晴らしい事例です。

日本企業は「技術の転用」が得意

このように、日本にはその歴史のなかで伝承されてきた独自の技術がたくさんあります。そして日本の企業は昔から、この「技術の水平展開」が得意でもあります。

「富士フイルム」は、カラーフィルムを製造してきた歴史のなかで培った、ミクロン単位で構造体をつくり上げる技術をヘルスケア分野に転用し、事業転換を図りました。

日本を代表する企業である「トヨタ自動車」も、創業当時は「織機」を製造する会社でした。この織機に用いた自動化の技術を転用して、自動車事業を始めたのです。

京都の企業である「京セラ」も、京都の陶磁器の産地の技術を背景に、その磁器づくりの技術を進化させることで、半導体メーカーとして世界一にまで上りつめました。

また、同じく京都である「任天堂」に在籍していた開発者の横井軍平さんは、「枯れた技術の水平思考」という哲学を持っていました。

「枯れた技術」は、既に広く普及してコモディティ化した技術のこと。

「水平思考」は、物事を違った角度から見る考え方のことです。

つまり、**ありふれた既存の技術を、違った角度から眺め、まったく新しい使い方をすることによって新たな価値を生み出す**という考え方です。

実際、横井さんが開発した「ゲーム&ウォッチ」は、当時、過剰生産されていた「電卓」の技術を応用してつくられたそうです。


横井さんが去った後も、任天堂にはこの哲学が受け継がれています。

プレイステーションが爆発的な人気を博したことで、市場が映像美合戦へと突入するなかでも、任天堂は「画像の綺麗さ」という定量化できる技術競争にとらわれることはありませんでした。

すでにATMなどで採用されていたタッチスクリーン技術を応用した「ニンテンドーDS」、携帯電話で広く普及していた加速度センサー技術を応用した「Wii」など、既存の技術を応用することで、新感覚のゲーム体験を創造したのです。

新しい技術や機能は、いくら追い求めてもきりがありません。それこそ、多大な資本や労働力、開発力を持つ大企業には到底かないません。

その競争を避け、自社に伝わる伝統技術がないか、いま一度目を向けてみましょう。

商品そのものではなく、**商品を支えている技術を抽出して認識しておく**のです。

それがたとえコモディティ化した技術であっても、光の当て方を変えてあげれば、また輝きだしてくれることでしょう。

官能を刺激する「素材」に価値がある

錦、緞子、朱珍、絣、紬、漆、絹……。

そしてそこからつくられる着物、帯、織物、和紙、陶磁器、漆器……。

これらはすべて、日本が世界に誇れる価値です。

次にお伝えするのは、日本らしさの強みが現れやすい「素材」についてです。

この「素材」を武器に、異業界に忍び込んでいるのが、私がお手伝いさせていただいているブランド「RIMPA400」です。

「GO ON」で成功した戦略は他の工芸企業にも通用するのではと考え、立ち上げたプロジェクトです。ここでもまた、京都の伝統工芸を担う6人の職人・作家と協業し、「琳派」という芸術精神を現代に再解釈し、いまに生きるプロダクトを生み出しています。

たとえば、平安京造営を起源に持つ「京瓦」の伝統技法をいまに受け継ぐ唯一の工房である「浅田製瓦工場」さんは、瓦という素材の持つ、燻しの黒色に独特の光沢をたたえる高級感と、京都・南禅寺などの名刹の屋根を長い間守り続ける耐久性を活かし、植物を育てるプランターを開発しました。

また、約400年の歴史を持つ「引箔」の技術で、西陣織の最高級帯地などに織り込まれる金銀模様箔を手がける「西山治作商店」さんは、金箔の表情を楽しめる財布も開発しました。西陣織に織り込まれる加工前の「金箔」という素材そのものに着目したことで、新しい加工方法やプロダクトの創造に至ったのです。

他にも、江戸寛政年間創業の、竹割りから絵付けまで手仕上げする数少ない「京・地張り提灯」専門の老舗「小嶋商店」さんは、提灯の和紙の素材感と技術を活かし、現代的な照明を開発しました。

「RIMPA400」の事例だけでなく、有田焼の伝統を踏襲しながら新しいデザインアプローチによる器を展開しているブランド「arita1616」のように、本来の素材を活かして新たなプロダクトをつくり、世界から賞賛を得ている事例は数多くあります。

豊かな自然と習慣が、「洗練された素材」を生んだ

それではなぜ日本には、いくつもの固有の優れた素材があるのでしょうか。

その源流にも、日本の「自然風土」が影響していると考えます。

日本は、ほぼ均等の期間で四季が移ろい、その変化を見せてくれる海や山、森、花といった自然的要素の豊富な国です。

この恵まれた環境で、春に桜をみて、夏は夕涼みをし、秋には収穫を感謝し、冬は雪景色を愛でるなど、自然の変化や特徴を受け入れ、楽しむ心を培ってきました。

そして自然を楽しむだけではなく、**自然から生まれたものを日々の営みに取り入れる文化や習慣**も持ち合わせています。

たとえば、自然から授かった素材によって紡がれる着物は、洋服のように造形的な装飾性はない代わりに、染織の技術によってその素材を磨き込んできました。

海外でジュエリーが富の象徴として機能していたのに対し、日本は染織の中にいかに贅沢な素材を織り込むかが追求されてきたのです。

この豊かな自然と、自然を愛でる繊細な感受性、それを日常に取り入れ洗練してきた歴史によって、日本には自然から生まれた素材や、研ぎ澄まされた素材が多く存在しています。

あらゆる「自社を形づくる資産」は「素材」になりうる

とはいえ、「自然由来」のものだけが「素材」ではありません。

先ほどの「ＲＩＭＰＡ４００」の事例によって活用された素材も、エッセンスを抜き出して抽象化して表すなら、「自社を形づくる資産」となります。

要するに、**自分たちのビジネスが活用してきた資産を、これまでの用途を切り離してとらえ、シンプルな「素材」として扱う**ということです。

店舗をかまえるビジネスならその「店舗」や「土地」が、メーカーならこれまでつくってきた「商品」や生産に使用している「機械」が、「素材」としてとらえられるのではないでしょうか。

たとえば、コロナ禍で需要減に苦しむホテル業界が、ホテルの客室に1ヶ月間連泊できるプランをリリースしたところ、予約が殺到し、瞬く間に売り切れたそうです。

これも、ホテルの持つ「客室」から、これまでの「宿泊」という用途を切り離し、単純に「寝泊まりできる場所」という素材として目を向け、そこに「泊まる」ではなく「住む」新たな用途を与えたことで、賃貸や住宅業界に新たなプレーヤーとして忍び込んだ事例ともいえます。

自らのビジネスから、先入観を取り除いて「素材」を抽出することで、そこに新たな用途や加工方法を与え、別のものに転じさせるチャンスが生まれるのです。

伝統・歴史という「物語」に価値がある

宝飾品、化粧品、高級車などの欧米のラグジュアリー市場では、「歴史」は何ものにも代え難い価値として、尊敬されます。欧米ブランドの多くが、その創業年を誇りにしているのはそのためです。

歴史とは、長年愛されてきた信頼の証明です。

歴史を伝えることで、「いま、ここに、この価値が、この形である」に至るまでに存在した「想い」「努力」「奇跡」といった過去をも含めた価値が構築されるのです。

たとえばフランスのワインは、土地の歴史と物語を価値にうまく転換しています。その土地や生産者が紡いできた物語を伝え、唯一無二の価値を演出しているのです。

京都にかぎらず日本には、100年以上続く企業が数多く存在します。

その企業が歩んできた道のりはまさに唯一無二のものであり、独自性の高い強みとなります。こうした歴史や伝統といった「物語」は、世界にアピールできる固有の資産です。

美意識や精神性に「物語」が宿る

「GO ON」から派生した海外富裕層向けのコンシェルジュサービス「beyond KYOTO」は、物語を体験できるサービスです。

「beyond KYOTO」は海外旅行客の方々に、京都に集積する工房を中心に、工芸に関わる体験を案内するサービスです。京都の工芸が制作される現場である工房からはじまり、それが使われている京都の文化まで案内していきます。

このサービスのきっかけは、海外のコレクターさんの声でした。

「Japan Handmade」の商談で海外へ行き、バイヤーやコレクターたちと話していると、「京都の有名寺院はもうひと通り訪れた」「もっとリアルな文化体験はないのか？」「たとえば工房など見ることはできないのか？」と尋ねられたのです。

海外の方々のこの声で、伝統工芸品というプロダクトではなく、**その背景にある「物語」が価値を持つ**ことに気づかされました。

そういう観点で見ると、日本の工房は、たしかに美しいといえます。丁寧に手入れされて長年使い込まれている道具、そしてそれが使いやすいように整然と並べられている様は、あたかもアートのインスタレーションのように感じるほどです。

彼らは、プロダクトはもちろん、それ以上に、完成までに要した手間や、時代を超えて受け継がれてきた職人の想い、その想いに応え続けてきた道具や場所の存在といった「物語」に価値を感じていたのです。

そして、工房にお招きすれば、モノの魅力はもちろん、これらの背景的価値やそこに込められた精神性、美意識まで一緒にプレゼンテーションでき、より価値が伝わりやすいと考え、このサービスが誕生しました。
製品としての価値だけでなく、その物の存在意義や想いといった、まさに「意味の価値」を感じていただいています。

私たちは「物語を共感できる国」に生まれた

以前、パリの高級革靴のオーナー家族を京都に招き、案内したときのことです。ご家族は宇治の朝日焼の茶器をお嬢様に購入されました。しかしお嬢様はまだ3歳ほど。不思議に思って尋ねると、「いずれ二十歳になる頃にプレゼントしたい」と。400年以上、丁寧に技術を継承してきたその哲学に感動し、その「物語」を娘にプレゼントしたいということでした。

このように、自社の持つ商品やサービスだけでなく、そこにいたるまでに存在した歴史や想いといった「物語」にも、人は価値を感じてくれるのです。

多神教の国で生まれ、調和を徳として育った私たちには、他者の物語にも理解を示し、受け入れ、共感できるメンタリティが心の根底に流れています。

その精神性を持つ日本にはたくさんの伝統や企業文化といった「物語」が生まれています。それこそ、日本独自の価値です。

自分たちのビジネスに流れる歴史、想い、奇跡といった物語に着目し、このユニークで貴重な資産を、積極的に活用していきましょう。

「眠れる資産」に目を向ける

「日本らしさ」のある価値が宿る要素を確認したところで、ここからは、その価値を見つけるための考え方を紹介していきます。

「新しい価値を生む」と考えると、つい「新しいもの」にばかり目がいきがちですが、それだけが価値ではありません。

「枯れた技術の水平思考」でもお伝えしましたが、**「眠れる資産」こそ、光の当て方を変えることで、本質的な価値が輝き、新たな強みに変えることができる**のです。

世界で展開する配車サービスを創造した「ウーバー」は、移動する自家用車の「空いている座席」を眠れる資産だととらえ、活用する方法を考えました。

部屋を貸す人と旅行客をつなぐサービスを創造した「エアビーアンドビー」は、世界中の家にある「空き部屋」を眠れる資産だととらえました。

このように、いま使われていないものであっても、それを求めている人を見つけ、素敵につなぐことができれば、革新的な価値となるのです。

「何もない」が価値になった直島

たとえば、いまや世界的なアートの名所として人気を博している直島は、まさに使われていない資産がうまく活用された例です。

直島は、香川県香川郡直島町に属する瀬戸内海の島のひとつです。広大な海に囲まれ、豊富な自然を有していますが、以前は何もない数多くの孤島のひとつでした。

観光地として開発する動きもありましたが、石油ショックの影響で低迷して以来、利用価値が低いとして放置されていたのです。まさに、眠れる資産でした。

しかし80年代になると、当時の町長である三宅親連氏の「島を文化的な場所にしたい」との想いから、福武書店（現ベネッセコーポレーション）の協力のもと、少しずつ、文化的な開発がされていきました。

その一環として、島内に現代美術のインスタレーションやアート作品を設置したところ、国内外から多くの観光客が訪れるようになったのです。

アートは、それと対峙して、自分への問いを楽しむものです。

直島の何もない大自然が、アートを引き立たせる装置となり、アートと対話するにはこのうえない場所になったのです。

それまで価値がないとされていた「何もない」土地は、**価値がないのではなく光が当てられていないだけ**でした。

直島が持つ瀬戸内海の美しい自然風土に、アートという文脈が出会うことで、新たな価値に生まれ変わりました。

こうした試みで重要な点は、**使われなくなった技術、素材、物語などに、新たな文脈を掛け合わせてみることです。**途端に、見えなかったものが立ち現れてくるでしょう。

その「掛け合わせ」については、第4章でお伝えしていきます。

新しいものを追うばかりではなく、自社に眠る資産にも目を向けてみてください。

「価値ある弱み」が武器になる

自社の「弱み」もまた、「伝統的資産」になることがあります。

それは、「弱み」は自社の「強み」と表裏であることが多く、現代では弱さこそ愛される魅力にもなりうるからです。

たとえば手作りによるプロダクトは、同品質のものを大量に生産するのが得意ではなく、ある側面においては、「弱み」といえるでしょう。

しかし、均一ではない「ゆらぎのある美」をつくれる「強み」の裏返しでもあります。

実際にファッション業界では、「ビスポーク」という言葉が注目されています。「注文の～」の意味を持つ英語であり、オーダーメイドにクラフトマンシップが加わったニュアンスを表現する言葉として使われています。

画一的な大量生産品では飽き足りない人たちが、手作りの技術によって自分のためだけにつくられたプロダクトを求めはじめているのです。

こうした文脈をとらえ、コストも手間もかかる手作りを「強み」ととらえ、「作り手」である職人と「使い手」を直に結び、工場発のプロダクトを多くの人に届ける「ファクトリエ」のような企業も現れています。

「時代のマイノリティ」に目を向ける

「強み」とは「他者に負けない優れた点」ですが、「優れている」と決めるのは誰かの価値観や社会の声です。

その特性を見た人が「優れている」と感じれば、その人にとっては「強み」となります。つまり、マジョリティの声だけを聞いて自社の特性を「強み」や「弱み」だと判断してしまうのは早計なのです。

「強み」や「弱み」といわれていても、それは社会や人々がいまの価値観に基づいて判断しているだけのことであり、弱みだからといって価値がないわけではありません。

主流があれば傍流もあります。

ある方向性が「強み」とされる一方で、その反対側には、別の方向性を求めるマイノリティたちが存在します。

そして時代の大勢に流されない少数派こそ、強い偏愛を持っているでしょう。

たとえ国内においては少数でも、世界に目を向ければ、そういった方が何万人といることもあります。
たとえ100人のうち1人しか振り向かない特性であっても、世界で見れば1％は約7700万人です。その人たちが年間に100円だけでも使ってくれる商品やサービスを創造できたら、それだけで年商は77億円になります。

新規事業や新商品、新サービスなどの新しい試みを考える際は、みんなに愛される必要はないのです。

たとえニッチでも、強く支持して熱狂してくれる「偏愛」を持った人が世界中にいるような「グローバル・ニッチ」を見つけ、世界中にいるそれらマイノリティにしっかりと届けることが大事です。
時代や周囲が決めた「強み」や「弱み」に惑わされず、その特性を独自の価値と読み替えて、たとえ1％であっても、それを求める人がいないか探してみてください。

他人の力を「素敵に使う」

ここまで、異なる業界や世界に忍び込むための武器となる「伝統的資産」を見つけるための方法を紹介してきました。

そしてそのためには、自社や業界のバイアスを払い、「よそもの」の視点で自らを見つめることが大切だとお伝えしました。

そこで本章の最後に、新しい時代の不思議な法則を共有しましょう。

それは、**「人は、他人の役に立ちたがっている」**ということです。

この法則のある現代においては、「他人の力を素敵に使う」ことが効果的です。

「素敵に他力を使う」とはつまり、「よそもの」である他者に加わっていただき、外からの目線で指摘や協力を得ることで、自らを進化させてもらったり、発信してもらったりすることです。「beyond KYOTO」でも、他者の声によって自分たちの持つ価値に気づくことができました。

この他力を呼び寄せるために必要なのが、「世界観」の構築です。

自分たちのミッションや戦略を、ホームページや広告、店舗といったアウトプットのみならず、システム設計やUI、UXといった機能面にまで、すべての点において統一された世界観を生み出せれば、それは強い吸引力になります。


たとえばソーシャル経済メディアである「ニューズピックス」は、「他力」をうまく引き寄せ、活用していると感じます。

同社は「経済を、もっとおもしろく」という社会的大義のあるメッセージを掲げ、デザインや編集といった面でも、その目指す世界観を表現しています。

そして同社のアプリには、「プロピッカー」と呼ばれる各業界の第一人者が解説者としてニュースにコメントを入れられる仕組みがあり、これによって、ニュースに多視点的な面白さが加わっています。

つまりこの仕組みは、「ニューズピックス」のミッション解決に寄与するものであり、仕組みの存在自体が、同社の「経済をどうしたいか」「世界をどうしたいか」といった世界観を伝える一役をも担っているわけです。

だからこそ、多くの人が協力したいと考え、プロピッカーをはじめ、ユーザーの多くが自律的にコメントを書き込んでいます。

「ニューズピックス」の社会的意義と世界観が、「素敵に他力を使う」を実現した素晴らしい戦略といえます。

「世界観」が思わぬチャンスをつれてくる

「GO ON」でも、その世界観が他力というチャンスを呼び寄せています。

ホームページで過去のコラボレーション事例や自分たちのメッセージを綿密に表現していたことで、それを見た世界のブランドやクリエイターたちから、多くのご連絡をいただきました。

よそものである私が、「GO ON」や「東映太秦映画村」に興味を惹かれ、プロジェクトの立ち上げをお声がけしたのも、築かれていた世界観に魅了されたからです。

世界観は未来への可能性を刺激します。その未来への期待も、資産になり得るのです。

「言葉や文字だけでなく、その姿勢や仕組みの細部にまで大義と世界観を丁寧に浸透させ、そこに求心力があれば、自然と人は集まり、その力を素敵に借りることができる」

この世界には、そんな不思議な引力が働いているのです。

このようにして他力を引き寄せ、「よそもの」視点からの提案や協力を得ることで、これまで気づけていなかった独自の「伝統的資産」に目を向けることができ、それまで考えたこともなかった新しい価値が生まれていきます。

これは伝統文化にかぎらず、地方の企業や新規事業といった、**「ヒト・モノ・カネ」のすべてが圧倒的に不足している環境から何かを生み出さないといけないすべての人にとって、きっと役立つ考え方**です。

中小企業やベンチャー企業なども、他者の力を借りることで、大きな市場や新しい分野に参入する力を得ることができます。

自らの力を超えた価値を生み出すチャンスを引き寄せるためにも、自らの持つ資産に目を向け、そこにある哲学や文化を、意識的に発信してみてください。

第
04
章

アイデア
——「調和の精神」で、
共感と驚きのある
新たな価値を生む

chapter 04

Creating new values with the
“Spirit of Harmony”

アイデアとは「掛け合わせ」を考えること

ここまで、自社ビジネスの「存在意義」と、それを果たすために活用したい「伝統的資産」についてお伝えしてきました。

ですが、たとえ「伝統的資産」に強い力があっても、現代に生きる人々には、そのままの姿では魅力が伝わりにくいことがあります。

この壁を乗り越え、自らの価値を社会に出会わせ、その魅力をより高める「論理を超えた化学反応」を起こすことが、「アイデア」の役割です。

「そんなアイデア、自分には思いつかない」とお感じになる方もいらっしゃるかもしれませんが、心配いりません。

アイデアとは、決して奇抜なものではありません。

むしろ、いまの世の中、ゼロから生み出されるアイデアはほぼ無いでしょう。

クリエイターやプロデューサーは、既存の価値に異質の価値を掛け合わせることで、「アイデア」を発見しています。

つまりアイデアを考えることは、ゼロから「生み出す」のではなく、掛け合わせを「見つける」作業なのです。

そこに**必要なのは、「ひらめき」ではなく「技術」**です。

現在人気の商品や支持されている多くのサービスも、既存の価値の「掛け合わせ」で生み出されています。

イノベーションの父とも言われる経済学者ヨーゼフ・シュンペーターは、これを「異質なものの新結合」と表現しています。

自分たちの持つ「伝統的資産」を、現代に通用する価値としてアップデートするために、領域を超えた掛け合わせを考えていきましょう。

掛け合わせが「名付けられないもの」を生み出す

「既存のものどうしを掛け合わせても、ありきたりなものしか生まれないのでは?」というイメージを持つ方もいるかもしれません。

ですが、そうではありません。掛け合わせによって見出されるアイデアは、これまでにない新しいプロダクトや業態の発明といった「名付けられないもの」を生み出します。

たとえば、建築家の谷尻誠さんによる尾道市の「ONOMICHI U2」がそうです。瀬戸内海に浮かぶ島々を7つの橋で結ぶしまなみ街道は、青い海、緑豊かな島、美しい橋が織り成す風景から「サイクリストの聖地」として知られています。

そのしまなみ海道の麓に、太平洋戦争中に建てられ、長らく使われておらず眠ったままの資産となった3つの大型海運倉庫がありました。

そこで谷尻さんは、眠っていた倉庫をリノベーションし、自転車に乗ったままチェックインできるホテルやレストランを備えた複合施設へと生まれ変わらせたのです。

伝統的資産であった「倉庫という素材」に、「デザインホテル」、「サイクリング」という要素を掛け合わせたということです。

「デザインホテル」も「サイクリング」もすでに存在していた価値ですが、「サイクリスト専用のデザインホテル」は、まだ「名付けられていない価値」です。既存の価値を掛け合わせたことで、意外性もあり共感性もあるアイデアが生まれました。

「調和の精神」で掛け合わせる

私がお手伝いしたプロジェクトのアイデアも、すべて掛け合わせによって生まれています。「太秦江戸酒場」は「時代劇×酒場」、「GO ON」は「老舗後継者×クリエイター」と、それぞれ掛け合わせによってアイデアの世界観を設計しました。

人は未知の価値に出会ったとき、記憶のなかにある情報を頼りに、それを理解しようと努めます。

「映画村でお酒を飲む」アイデアも、「お酒を飲む経験」をしているからこそ、このアイデアの輪郭をとらえたり、その価値の新しさを感じたりできるのです。

つまり人は、自分の記憶のなかにある体験や情報と結びつくことで初めて、その価値や新しさを理解できるということです。

自らの持つ伝統的資産に、自分や誰かの心が動いた体験や価値を掛け合わせることで、それを見た人の中に眠っていた記憶が意外な形で現代に再現され、そこに「意外性」と「共感性」が生まれ、「面白い」と感じてもらえます。

既存の価値を掛け合わせて新しい価値をつくる。これはつまり、異質を「調和」させる作業です。ここで、日本らしさのひとつである「調和の精神」が発揮されます。

相手との差異を認め、その違いを活かし、互いの価値や魅力を響き合わせることで、新しい価値を生み出す。それができる感覚を、私たちは持ち合わせているのです。

「課題と課題」を掛け合わせて一気に解決する

それでは、具体的に何を掛け合わせればいいのでしょうか。
そのための思考法を、いくつかご紹介していきます。

まず、基本であり、いちばん強い力を持つのが「課題×課題」、互いの課題を補い合う掛け合わせです。

たとえば「エアビーアンドビー」がよい例でしょう。「空室をどうにか活用したい家主」と、「できるだけ安く泊まりたい旅行客」、それぞれの課題が交わるポイントを見つけ、両者の課題を同時に叶えることで、これまでにないアイデアが生まれました。

176ページで紹介した「ファクトリエ」も、「ブランドを生み出し、使い手に直接届けたい地域のファクトリー」と「物語があり誇りの持てるメイド・イン・ジャパンブランドを選びたいユーザー」の課題が掛け合わされたアイデアであるといえます。

「太秦江戸酒場」も同様です。太秦には時代劇のセットや小道具といった「資産」はありましたが、「一般の方にその魅力を楽しんでいただくコンテンツ」がありませんでした。また関わる文化人には、「伝統を若い方へ直接お伝えする場がない」という課題がありました。

そこでそれぞれの課題を掛け合わせることで、「閉館後の映画村のセットの中に本物の文化人をキャストとして配し、ゲストと交流するテーマパーク」というアイデアが誕生したのです。

二者の課題を解決するだけでも十分に素晴らしいアイデアとなりますが、さらに**複数の課題を同時に解決できるアイデアは、より強い力を持ちます。**

私がお手伝いした「Genius Table in Kyoto」でも、この点を意識しました。

京都では毎年数多くの学会が開かれており、世界各地から研究者や学者たちが訪れています。しかし多くの学者たちは「大学の外に出て京都のローカルな体験を楽しむことが少ない」という課題を抱えていました。

また京都の街も、「その学者や研究者といったスペシャリストたちとの交流やつながりが持てていない」という課題がありました。

そこで考えたのが、学者たちのランチ時間を活用し、地元の学生の案内により、寺社や工房などのユニークな場所でランチをしながら交流できるサービス「Genius Table in Kyoto」です。

日本に根付くリアルな生活を体感したい海外の学者、京都のよさを知ってもらいたい地元の人、そして世界の知識に触れて学びを得たい学生、この三者の課題をすべて叶える方法を模索した結果、生まれたアイデアです。

複数の課題の掛け合わせを見つけるには、**ふだんから社会に目を向けて、課題意識を収集しておく**とよいでしょう。

アイデアは「必然性」によって強くなる

「空室を有効活用したい」「安く泊まりたい」「京都の暮らしを感じたい」「京都のよさを知ってもらいたい」「時代劇や伝統文化に触れてもらいたい」「楽しくお酒を飲みたい」。

それぞれの課題を個別に満たす方法は、おそらくすでに存在していたでしょう。

しかし先ほどご紹介したアイデアは、それら複数の課題を同時に解決していたために、新鮮なサービス、場所、催しとして話題になりました。

関係者にも「それぞれの課題解決のため」という強い動機付けがあるからこそ、そのアイデアに「必然性」という強さが備わったのです。

「アイデアというのは、複数の問題を一気に解決するものである」

これは、任天堂の伝説的ゲームプロデューサー宮本茂さんの言葉です。

ひとつの目的を達成する方法は比較的、簡単に浮かびますが、きっとそれは、誰でも思いつく程度のアイデアかもしれません。

ひとつの目的を達成することで、複数の人を同時に幸せにしようとする。

そんな「すごい」アイデアを目指してみてください。

「集合的無意識」を見つけて掛け合わせる

私たち人類は、願いを叶えることで歴史を前に進めてきました。

この社会、そして文明を築いてきた人々の営みは、無意識に願っていたことを実現することで、少しずつ豊かになってきたといえるかもしれません。

人が潜在的に願っていたコトやモノが具現化されたとき、それは価値ある商品や人気のサービスとなります。

掛け合わせの対象として、その**「潜在的な願い」を探すことも、よりよいアイデアを**

見つけるひとつの方法となります。

「太秦江戸酒場」が多くの方に熱狂をもって受け入れられたのも、人々の中に、無意識の願いがあったからだと考えています。

時代劇には必ずといっていいほど、食事処のシーンがでてきます。噂話などの情報を仕入れるために必要なシーンですが、そこで繰り広げられる粋な会話や、侍などが豪快に食事をする姿には、現代にはない魅力があります。

「この世界観のなかに自分も入ってみたい」という欲望は、時代劇好きなら誰もが描いたことのある夢だったのだと思うのです。

また、「太秦江戸酒場」の経験によって、京都の岡崎で「岡崎明治酒場」というプロジェクトもプロデュースさせていただきました。

平安神宮をはじめ、美術館や動物園、劇場、工芸館、公園からレストランにいたるまで、岡崎エリアの文化施設など10箇所以上を史上初めて夜中まで共通開館いただいた、エリアをめぐる形で楽しめる一大エンターテイメントです。

「岡崎明治酒場」

京都岡崎に点在する文化施設を巻き込んだ夜の一大エンターテイメント。公園で京の酒造さんと日本酒バーを、中庭で芸舞妓によるビアガーデンを、劇場の野外大階段で着物を用いたファッションショーを、蔦屋書店前で野点ショーを、平安神宮で能と華道の宮廷文化ショーをと、街全体が文化体験を楽しめるテーマパークとなった。

「ミッション」

夜の京都に観光目的地を生み出す

「ストラテジー」

京都岡崎に集積する文化施設を、
夜間限定で明治の旅するテーマパークに

「アイデア」

サービス・プロダクト・事業をプロトタイプする遊び場、岡崎明治酒場

「エグゼキューション」

岡崎に点在する施設の夜を借り、文化体験を夜中まで楽しめる体験を創出する

なぜそこまで多くの施設に参加いただけたか。それは「岡崎エリアの夜の活性化」という共通の願いが、各施設や地域に関わる方々の心のなかにあったからです。

このケースではみなさんの願いに、明治時代に開拓された岡崎が持つ物語を掛け合わせることで、明治時代にタイムスリップして遊ぶというアイデアが見つかりました。

このように「社会の密かな願い」には、アイデアのヒントが隠れています。

アニメーション映画『君の名は。』のプロデューサーである川村元気さんは、これを「集合的無意識を発見すること」とも表現しています。

掛け合わせを見つける際、「社会の声」に耳を傾けてください。

今まで聞こえなかった声が聞こえ、見えなかった顔が見えてくるかもしれません。

そしてその発見が、アイデアの材料となることでしょう。

「テクノロジー」を掛け合わせ、世界とつなぐ

テクノロジーは、私たちの社会を大きく変える力を持っています。

「Facebook」が場所を越えた「共有」「信頼」という新しい価値を社会に根づかせたように、テクノロジーは私たちの思想や世界観さえ変えました。

ですが本書の冒頭でも触れたように、DXは基本的には課題を解決する手段であり、それだけでは新たな価値を生むことはありません。

重要なのは、**そこに自らの持つ「伝統的資産」を掛け合わせる**ことです。

その掛け合わせによって、ユニークなアイデアを生み出せるのです。

とくにコロナが気づかせてくれた、オンラインの持つ「グローバルへの接続性」という特性は、既存の価値をアップデートさせる鍵となるでしょう。

テクノロジーの力で伝統を「グローバル化」する

能や華道、茶道といった伝統芸能の「お稽古」には、長きにわたり受け継がれる価値が宿っています。そこには、その場に流れる空気感や環境といった側面も、重要な価値として含まれています。

しかしコロナの流行によって、対面によるお稽古が制限されました。

そこで「THE KYOTO」では、コロナ禍でも安全に、またこの機会により多くの方が体験できるよう、オンラインでのお稽古コンテンツを開発しました。

日本文化を担う第一人者をMASTER（講師）としてお迎えし、各領域で目覚ましい活躍をされているビジネスリーダーがお稽古に入門し、日本文化が大切にしている哲学や美意識を学ぶオンライン番組「JAPAN MASTER CLASS」です。

ビジネスの世界で活躍する方々をゲストにお迎えすることで、彼らの言葉を通して日本文化からビジネスへのヒントも学ぶことができる、「ビジネス教養番組」の側面も持っています。これも「掛け合わせ」によるアイデアです。

オンラインの手軽さにより、「興味はあったけど、実際のお稽古はハードルが高い」と感じていた多くの方に、視聴いただくことができました。

そしてビジネスリーダーという新しい層を和のお稽古につなげることができ、新しい文化層を耕すことにもつながりました。実際に、能楽金剛流の若宗家、金剛龍謹さんのお稽古には、オンラインを通じて海外からも弟子が入門されたそうです。

伝統的資産にテクノロジーを掛け合わせることで、**ローカルな強さを保ちつつ、その価値を求める方々とのグローバルなつながりも構築できます。**

まさに、資本や人材が足りず世界に規模を広げられない、持たざるものには僥倖です。

ぜひ掛け合わせを考えてみてください。

「真逆」の掛け合わせで意外性を生む

掛け合わせでアイデアを生む際、しばしば「真逆どうし」の組み合わせも大きな効果を発揮します。なぜなら真逆の性質を持つ存在は、お互いの本質を引き出し、相互の弱点が補い合える関係であることが多いのです。

たとえば、「GO ON」と「Panasonic Design」によるコラボレーション「Electronics Meets Crafts:」では、「テクノロジーと工芸が融合する家電づくり」がアイデアでした。つまり生活道具の「過去と現在」という真逆の掛け合わせです。

そして、「掌で音を聞くスピーカー」「音を奏でるパーテーション」「温もりを感じる木の酒器」「月のように愛でる照明」といった、工芸性のある家電が生まれました。

一見相容れないように見える両者を掛け合わせることで、工芸の持つ「手作り」の強みと、家電の持つ「テクノロジー」の強みが互いに発揮され、結果として「温もりと機

「Electronics Meets Crafts:」

「GO ON」の職人たちと「Panasonic Design」の家電デザイナーが手を組み、工芸の持つ技術や素材を用いて生活家電を開発した。誕生したプロダクトは世界で評価され、イタリアの「ミラノサローネ 2017」では、出展企業約 2300 社から各カテゴリー１社ずつしか選出されない「the Best Storytelling Award」を受賞した。

「ミッション」

機能や性能を超えた100年後の家電を生み出す

「ストラテジー」

日本文化が堆積する京都とコラボレーションし、
日本ならではの家電を探求する

「アイデア」

テクノロジーと工芸が融合する家電づくり

「エグゼキューション」

作り手とお客さんが顔の見える距離でプロダクトをプレゼンテーションする

能性」を兼ね備えたハイブリッドな魅力を持つプロダクトになったのです。

「光るシルク」が話題を集めた理由

さらに、真逆どうしの掛け合わせから生まれた意外性や衝撃は、人々の持つイメージや予定調和的な予想を裏切り、印象的な記憶を残します。その印象が、人に伝えたくなる気持ちを喚起します。

要するに、真逆どうしの掛け合わせは注目や話題をよびやすいのです。

以前お手伝いした「ANOTHER FARM」のインスタレーションでも、その違和感が話題となりました。

「ANOTHER FARM」はアーティストのスプツニ子！さんとデザイナーの串野真也さんによるアートユニットです。自然から得たインスピレーションをもとに、科学者やエンジニアとコラボレートし、最新テクノロジーや伝統技術を駆使した創作活動を行っています。

2019年にこのユニットが始動する際、バイオテクノロジーによって蚕にクラゲやサンゴの発光する遺伝子を組み込んでつくった「光るシルク」を使ったインスタレーション作品「Modified Paradise」が発表されました。

その展示の制作には「GO ON」のメンバーであり、西陣の織屋「細尾」の12代目当主である細尾真孝さんも関わり、「光るシルク」を用いて西陣織で紡いだドレスや、動物をモチーフとした立体作品が展示されました。

このインスタレーションは各方面から注目されましたが、それは伝統的な技術と、バイオテクノロジーという**一見真逆な要素が、ひとつのコンセプトに昇華されて表現されたことが、人の心を動かした**のだと思います。

強い問題提起をする「問い」もよいアイデア

また、このインスタレーションは「テクノロジーと人間の関係」についても考えざるを得ない強さを持っていました。

「人間は、遺伝子組み換え技術によって、どこまで種をデザインしてよいのか」
「西陣織という伝統は、モードなファッションになりえたのか」
「そもそも工芸やテクノロジーの定義とはなんなのか」

出会うはずのなかったものが掛け合わされたとき、そこには制作者の意図が潜みます。それは**受け手に「問い」となって届き、受動的な情報咀嚼を促すだけではなく、その意図や背景に想像を巡らせる能動的な反応をも喚起する**のです。

真逆のものを大胆に掛け合わせたことで、その意図について考える体験価値が生まれたといえます。つまり、話題が生まれたのです。

データや工業技術によって最適化されたプロダクトやサービスは、便利ではあるものの、違和感がありません。

違和感がなければ、人の記憶には残らず、話題も生まれないのです。

だからこそ、意図を持って異質を掛け合わせることで、素通りできない違和感を生む必要があります。

このように真逆どうしの掛け合わせは、とても大きな化学反応を生み出すのです。

あえて違和感を生む真逆の掛け合わせを、意識的に考えてみてください。

「古典」との掛け合わせで普遍性を得る

掛け合わせの方法として最後に紹介するのは、「古典との掛け合わせ」です。

長い歴史を乗り越え、その価値が語り継がれてきた古典には、耐久性の高い魅力が宿っています。

ハリウッドを代表する映画のひとつである「スターウォーズ」には、そのプロットに神話などの物語の原型がふんだんに盛り込まれているのは有名な話です。

他にも、古典の原型を現代の要素と掛け合わせた例は多くあります。

長く存在し続けたということには必ず理由があり、その魅力を自社の価値に掛け合わせることで、強さと新しさを持ったアイデアが生み出されます。

古典には「普遍的価値」がこめられている

資生堂が日本の美を探究し、それをグローバルへ発信するプロジェクトにご一緒させていただいたことがあります。

そのプロジェクトでは、「技術の伝承」という社会的大義も掲げられていました。「蒔絵」と呼ばれる、漆器の表面に漆で絵や文様、文字などを描き、それが乾かないうちに金や銀などの金属粉を「蒔く」ことで器面に定着させる技法があります。

平安時代から見られる価値ある技術ですが、最高峰の技術も、それが発揮される機会がないと継承されていきません。

伊勢神宮では「式年遷宮」が20年に一度行われますが、これも代をまたぐ職人に神社建築の独特な技術を継承するための機会であり、知恵のひとつです。

そこで、化粧箱を通じて現代の蒔絵技術を次世代につなぐことを目的にアイデアを立てられないかと考え、京都の老舗漆器店「象彦」に参画をいただきました。

チームでは、まず化粧箱のルーツを辿ることからはじめました。化粧箱の原点を確認し、そこからヒントを得ようと考えたのです。

すると、国宝である「初音の調度」に辿り着きました。

三代将軍家光の長女である千代姫が、寛永16年（1639年）、わずか数え年3歳で尾張徳川家二代光友にお嫁入りしたときに持参した嫁入り道具一式が、「初音の調度」です。そのひとつに、化粧箱があったのです。

そこには女性が愛用する普遍的な美が凝らされていました。

そこでこの化粧箱を参考に、現代の蒔絵技術を用いて、新しい国宝となるような化粧箱をつくるアイデアに至りました。

現代の技術で図案や文様を現代的にアップデートすることで出来上がったのが、「時ららの手箱」です。下鴨神社に奉納された「時ららの手箱」は、未来の人々が令和の技術を知る貴重な作品となることでしょう。

結果的にこの取り組みは、過去と未来をつなぐ物語として、世界中のメディアに取り上げられ、相反する価値を融合する資生堂のＤＮＡと、ブランド価値をグローバルへ発信することにも寄与しました。

古典に立ち返ることで、永い時代を経ても変わらない普遍的な価値観が見つかり、そこに伝統的資産を掛け合わせることで、新たな価値が生まれるのです。

「人と違うインプット」がアイデアを生む

このように古典は、時代の変化に耐性のある、強くて新しいアイデアを生み出すうえで重要なヒントを与えてくれます。

古典から学びを得るには、普段から触れておくことが有効な手段となります。日常的に美術館に足を運んだり本を読んだりと、古典的な教養を得ることを心掛けてみるのもよいでしょう。

また、意外にも海外の方から日本の古典の魅力を教えてもらうことも多くあります。「よそもの」視点で日本を見ている海外の方のほうが、興味を持って日本文化に触れていて、ときに日本人よりも古典の魅力をとらえていることがあるのです。
海外の方と日本の古典について話すことも、古典の持つ魅力への知見を深める良い手段となるでしょう。

現代では、最新の情報は求めずとも飛び込んできますが、古典は意識して得ようとしなければインプットできません。

だからこそ、**古典に触れるという習慣は、他の人が思いつかない独自のヒントを得られる行動でもある**のです。

長く愛される魅力を持ち、現代に生きる人が見落としてしまっている価値を、古典から学んでみてください。

「バブル」を抜け出し、異質に触れる

ここまで紹介したのが、私がアイデアを考えるときのベースとしている思考法です。
とはいえ、重要なのはこれらの方法ではありません。

すべてのアイデアは、インプットの質に左右されます。そして自分の想像を超えるアイデアは、自分の認識外からのインプットから生まれます。

つまり大事なのは、「異質なものから学ぶ姿勢」なのです。


ところが現代の情報は「フィルターバブル」によって、あなたの志向に偏っています。デジタルテクノロジーのアルゴリズムによって各ユーザーが見たくないような情報が遮断され（フィルター）、まるで泡（バブル）の中に包まれたように、自分が見たい情報しか見えなくなっているのです。

SNSでもネット広告でもネットショッピングでもオンライン動画サービスでも、**あなたの目の前に現れるのは、あなたの好みによって最適化された情報**です。

自分の価値観に沿った情報を手軽に得られるのは、たしかに便利で快適です。

しかし同質性からは、イノベーションが生まれにくくなります。

自分のまったく興味のないジャンルや業界で、話題になっているモノや、新しい技術などが登場したときはチャンスです。

異質のものにこそ目を向け、その人気を解析し、そこに隠れた集団的無意識を読み取るための感度を上げましょう。

自らのビジネスと化学反応が起きる、様々な価値が見つかるはずです。

「ネーミング」で伝わるスピードを上げる

ネーミングを考えることも、アイデアのひとつです。

素晴らしいネーミングは、ミッション、ストラテジー、アイデアをつなぎ、そこに込められた物語を語らせる仕組みとして機能します。

素晴らしいプロダクトやサービスも、広まらなくては意味がありません。

そして「意味の価値」の時代においては、信頼できる知人からの口コミほど強い情報はありません。

「思わず伝えたくなる」、「人に語りたくなる」ネーミングをつけることでアイデアの伝播性を高めることも、価値を届けるために必要なことなのです。

「説明不要」のネーミングをつける

新しいアイデアや価値は多くの受け手にとって未知のものであり、他者に伝えにくい側面も持ちます。そのため、「伝える努力をしなくていい」名前をつけることが、理想的なネーミングとなります。

「名が体を表す」ネーミングを見つけることができれば、情報の伝播スピードが上がり、口コミによりそのミッションや価値が拡がっていくでしょう。

「GO　ON」の場合は、「先人の御恩への敬意」と、「それを未来へつなぐ」というふたつの想いを込めるために、英語で「続く」を意味する「go on」を用いた名前に決めました。「Japan Handmade」は「日本」「手作り」という価値そのものを、「太秦江戸酒場」は「太秦にある江戸時代の酒場」という体験価値をシンプルに表しています。

メディアがそれを「どう伝えるか」まで設計する

「人に思わず伝えたくなる」という仕掛けは、メディアに取り上げていただくうえでも重要な視点となります。

「GO ON」では、「職人を憧れの職業に」という後継者たちの熱い想いがありました。そこで、普段は顔がみえにくい京都の後継者にあえて顔を出していただくことで、工芸の美しさに加えて、人のストーリーを生むことを「GO ON」のひとつのゴールイメージにおきました。

「GO ON」のみなさんの魅力的なキャラクター、そして各人の熱い想いは、多くのメディアからも応援をいただきました。その後押しも受けて、いまでは参画する6社はいずれも日本を代表する工芸企業として業界をリードされています。

名前は、価値の拡散力に直結します。

直感や偶然に任せるのではなく、「大事なことが一言で伝わるか」「その言葉は人に伝えたくなるか」「伝えやすいか」といった点を意識して、戦略的に考え抜いてください。

「アーカイブ」から本質を学ぶ

アイデアが「異質な価値との掛け合わせ」である以上、そこには絶対に避けられない「変化」という過程が存在します。そして伝統企業であるほど、「変わらないために変わる」という矛盾した命題に立ち向かうことになります。

この命題を解決するための、ヒントをお伝えします。

どのブランドにも、マスターピースとよばれる商品があります。

一流メゾンブランドのクリエイティブディレクターは、新作の考案に入る前に、担当するブランドの過去作品、とくにマスターピースを入念にチェックします。

それはまさに永きにわたり引き継がれている伝統的資産であり、それだけ愛され続けただけの理由がそこにあるからです。

クリエイティブディレクターたちは、先人たちがつくってきた製品やサービスを確認することで、そこに脈々と受け継がれてきた独自の価値を感じ取っているのです。

そして、自身の感性に従いながらも、そこに見つけた価値の本質を現代にアップデートするために編集する方法を模索していきます。

つまり、**「普遍性に学び、時代性で尖らせている」**のです。

「古い」がなくなった、「いま」という時代

なぜ、自らの過去に学ぶ必要があるのでしょうか。

それは、現代では**「時間的新しさ」が優位性を持ちにくくなっている**からです。

本書をお読みの方の中にも、SpotifyやNetflixを利用している方は多いと思います。

そうしたサービスのお陰で、現在では音楽も映画も、商品にいたるまで、いつの時代のものだろうと新旧問わず選べる時代になりました。

あらゆるものがネットにストックされていく現代は、「新しい、だからいい」「新しい、だから消費する」が通用しない時代でもあります。

「新しい」が無条件に価値として受け入れられる時代は終わったのです。

ユーザーは古いものも新しいものも関係なく同列に評価し、選びます。

たとえ新作映画が公開されても、それに価値を感じなかったら、ネットで名作映画をいつまでも見続けられます。

親や祖父母の世代が着ていた服であっても、それをオシャレだと感じたら気軽に手に入れることができるのです。

いまの10代に純喫茶やクリームソーダが流行っているように、彼らがそこになんらかの魅力を見出せば、いつの時代のものだろうと関係ありません。

消費者の購入心理には「その時の気分」や「ＴＰＯ」、「関連性」といった要因がより強く影響し、かつてないほどに自由な選択をするようになってきているのです。

その際に強力な武器となるのが、これまでに築いたユーザーと自社との関係性です。**過去のマスターピースがユーザーとのあいだに築いた信頼を、現代の商品やサービスに掛け合わせる**ことも、アイデアを生み出す際に有効となります。

そのためには、先人が築いてきた価値に対峙し、過去の商品やサービスを振り返って、それが提供してきた「変わらない本質的価値」を確認する必要があるのです。

過去のマスターピースをベンチマークとし、それを超える、もしくは過去と共創していく意識を持ってください。

そうすることで、過去のユーザーとの関係性を、いまに引き継ぐことができます。

「らしさ」を大事に、3%の変化を

現代まで人気が続き、スタンダードとなった商品やサービスの陰には、「それを愛し、支えた人」、つまり思い出や熱い想いを持っている「ファン」が存在しています。

では彼らは、ブランドや企業の何に心奪われているのでしょうか。

それは、「らしさ」です。

過去のマスターピースから見つけた「らしさ」を大切にして新作をつくることで、従来の「ファン」にも受け入れられるプロダクトとなります。

「らしさ」を残してアップデートする

長く愛されているブランドは、この「らしさ」を保ったアップデートをうまくこなしています。

たとえば和菓子の老舗「とらや」は素晴らしいアップデートをしています。

「とらや」を運営する「株式会社虎屋」は、室町時代後期に京都に創業し、その始まりが諸説存在するほどの歴史を持った伝統企業です。

しかしここまでの歴史を見ると、カフェなどの新業態を開店したり、パリやニューヨークといった海外に出店したりと、数々の挑戦をしています。時代に受け入れられるデザイン性のあるホームページを作成し、世界観づくりにも力を尽くしています。

こういった数々の変化をしながらも、同社が販売する「羊羹」や「饅頭」といった価値は、創業当時から長年変わっていません。


2020年6月に同社の社長を退任した黒川光博さんは、2021年1月3日に公開された「Business Insider Japan」の取材において、「『変えてはいけないもの』は一つだけ。それは虎屋の〝コア〟なのです」と語っています。

そして、「コアとはどのようなものでしょうか？」との問いに対して、黒川さんは「本当に美味しいものを誠実につくること。一生懸命に和菓子を極めることです。」と答えています。


コロナ禍でも、京都にある「とらや」の店舗はそのコア、つまり「らしさ」を求める人たちで賑わっていました。

どれだけ歴史のある企業でも、いつの時代にもお客様に必要とされる存在であり続けるためには、**自身の「らしさ」を大切にしながら、数々のアイデアを提案し、挑戦し続**

ける必要があるのです。

変化は「3%」でいい

2019年春夏シーズンから「ルイ・ヴィトン」のメンズウェア・クリエイティブディレクターを担当するヴァージル・アブローというデザイナーがいます。

彼は「オフホワイト」という独自ブランドも持ち、「NIKE」や「モンクレール」といった世界中のブランドとコラボしています。

そんな彼は、ルイ・ヴィトンという伝統を革新させるためには「変化は3%だけで十分」と語っています。

つまり、そこに伝統的資産があるならば、それを少しアップデートするだけでも十分に新鮮に見せることができるということです。

そして「3%」程度であれば、これまで愛されてきた理由も守りながら、時代に応じたアップデートができるということでもあるのでしょう。

イノベーションというと、これまでの資産を大胆に捨てて、現代に生まれ変わらなくてはいけないと思い込みがちですが、このバランス感覚は、老舗企業が変化する際にも大事にしてほしい、さじ加減であると感じます。

「変わらない」ために、変化する

これまでお伝えしたことで、独自の価値を現代につなげるための「掛け合わせ」、そして大事にすべき「らしさ」について、イメージをつかんでいただけたと思います。

しかし、新しいことをやろうとするとき、そこには必ず「恐れ」がつきまといます。

これまで支えてくれた人たちのことを思って、一歩踏み出せなくなる気持ちはわかります。変化のさせ方を誤ったために、これまで支えてくれていたファンが離れていくことは、よくあります。

ですが重要なのは「どれだけ変えたか」ではなく、「何を変えなかったか」です。変わり続ける時代のなかで、その「らしさ」が古くならないためには、常に変わり続ける必要もあります。

「らしさをアップデート」した京都の老舗企業

京都の祇園にある老舗「かづら清」も、「らしさ」のために変わる決意をしました。1865年に開設された「嶌屋」からその歴史ははじまり、以来、日本ならではの感性と手作業による研ぎ澄まされた技術で、女性の髪を美しく彩る椿油やつげ櫛、かんざし、髪飾りなどをつくってきました。

「THE KYOTO」で、この「かづら清」とコラボ商品開発をさせていただきました。「かづら清」は代々、女性の美を応援してきましたが、いまの時代となっては、美はジェンダーレスに追求される価値になっています。

そこで、これまでの主要顧客である女性だけでなく、性別の分け隔てなく選んでいただける世界観を持った商品をデザインすることにしました。

それは、これまでの「かづら清」が構築してきた女性的な世界観からすれば、大きな変化かもしれません。

しかし、「美を追求する」姿勢においては、同社の「らしさ」が引き継がれているだけでなく、より多くの人の願いを叶えるアップデートがされたことは間違いないでしょう。

これは歴史ある「かづら清」が、その「らしさ」が今後も変わらず愛され続けていくために「変わった」挑戦でした。

変化とは「変わらぬ価値」というDNAを現代、そして未来に運ぶ取り組みです。

「とらや」元社長の黒川光博さんは、219ページで紹介した同社の「コア」についての発言のあとに、「それ以外に〝変えてはいけないもの〟はありません」と続けています。

自らが愛される理由を明確にとらえ、その**「らしさ」が生きているのであれば、その他の要素は勇気を持って変えてしまってもよい**でしょう。

これまで愛されてきた「らしさ」を残し続けるためにも、時代や社会の空気に合わせたアップデートを、恐れることなく繰り返していきましょう。

「みんな」で一緒に考える

アイデアを決める際には、「みんな」を巻き込んでください。

衆知を集めることでよりよいアイデアが見つかるという意味もありますが、それ以上に、次の「エグゼキューション」の段階につなぐうえで大切なポイントとなります。

なぜなら、どんなに優れたアイデアも、実行する仲間たちが共感し、「自分ゴト化」できていなければ実行にはいたりません。

実行するメンバーに共感してもらうためには、**「アイデア」を見つける段階から、一緒に考えるプロセスを共有する**ことが大切なのです。

誰かのアイデアを押し付けるのでなく、全員がモチベーション高く取り組めるアイデアを発見して、それを増幅していくプロセスを共にするのです。

ときにリーダーでなく、「ファシリテーター」に

「一緒に考える」ことの本質は、メンバーに「自分で考えた」という意識を持っていただくことです。そのためには、たとえ自分のなかにすでにアイデアがあったとしても、それを押し付けないよう我慢することが求められます。

メンバーに納得感を持ってもらいながらアイデアを決めるためには、発案者ではなく、「ファシリテーター」のポジションに立つことも有効です。

チームが重要に思うことや希望することを集めながら、チームのアイデアと、自身のアイデアとの接点を見出し、より高い次元へ磨き上げていくのです。

これまでのどのプロジェクトでも、元のアイデアにメンバーの視点が掛け合わされることで、遥かに強いアイデアへと昇華されると感じてきました。

しかしファシリテーターとはいえ、みんなで一緒に考える際には、自分なりの答えを持って臨むことが大切です。

そのうえで、その答えを押し付けるのではなく、メンバーと共に思考の旅にでます。設定したミッションやストラテジーを確認しながら、アイデアを探すのです。

思考のプロセスをチームで共有していれば、たとえ誰のアイデアが採用されたとしても、メンバーはそのアイデアを「自分ゴト」に感じ、実行力が高まります。

座禅を組み、「固定観念」から開放される

201ページで紹介した「Electronics Meets Crafts:」のアイデアを模索した際も、この点を強く心掛けました。

当初このプロジェクトでは、「パナソニックのデザインブランドを強化する」という課題が掲げられ、同社の技術をどう活用するかというお題が与えられていました。

そこで私は、「100年後の家電をデザインする」というミッションを設定し、それ

を実現するアイデアをデザイナーと一緒に見つけたいと考えました。

折しもパナソニックは創業100周年を迎える年。「もしも松下幸之助さんがいまの時代に生きていたら、どんな家電をつくっていただろう」、その視点でデザイナーさんたちと未来のデザインを生み出すことが、最高のブランディングになると感じたのです。

そこで、この方向性で共にアイデアを見つけるために、開発メンバーに京都にある禅寺に早朝から集まっていただき、座禅を組みました。日常の喧騒から離れ、日々の業務も忘れてもらい、素直な気持ちで「豊かな暮らし」についてみんなで考える時間をつくったのです。

その結果、メンバー全員の意識として、日本的なよさである余白や空間といった美意識や、感覚的価値にも目を向けることができました。

便利さや機能性を追い求めるのでなく、感性や美を刺激する「工芸的な家電」というアイデアに、チーム全員でたどり着くことができたのです。

「時間・場所・情報」を共有する

とはいえ、ただ「意見を出し合う」ことが「一緒に考える」ことではありません。

重要なのは、「時間・場所・情報」を共有することです。

現代は分業化の時代で、業務や専門によって部署やチームが細かく分かれています。そのため部署を横断するアイデアを考える際に個別に案を持ち寄ると、それぞれの担当や専門といった「個別最適な視点」のなかだけで考えてしまう傾向があります。

これでは、活かされるのは個々の価値や強みのみで、異質同士の掛け合わせによる相乗効果は生まれません。互いに利害関係が発生することも多く、全員が納得できるアイデアを見出すことが難しくなる場合もあります。

そのため、部署を貫くプロジェクトのアイデアを考えるときは、メンバー全員で同じ場所に集まり、情報や意見を共有しながら、その場で答えを出すと決めて話し合う必要があります。

「Electronics Meets Crafts:」のアイデアを考える際にお寺に集まっていただき、全員で泊まり込んだのもこういった理由からでした。

面と向かって話し合って意見を出し合ったことで、ミッションや戦略が共有され、それぞれの分野に閉じこもることなく、会社全体のミッション達成のためになるアイデアがいくつもでてきたのです。

「ミッションのある」アイデアは失敗しない

ビジネスにおいてもっとも大きな壁は、アイデアを実現することです。

どれほど優れたアイデアも、実現されなければなにも価値を生み出しません。

そして社会にはそんな「日の目を見なかったアイデア」が死屍累々となっています。

優れたアイデアこそ、実行することに執念を燃やしましょう。

次の段階であるエグゼキューションに進むと、労力や時間が消費され、さらにコストも発生するため、簡単には後戻りできなくなります。

アイデアと実行のあいだには、「決断」という大きな覚悟が求められるのです。

その溝を勇気を持って越えるには、「ビジネスにおいて失敗はない」という考えを持つことが大切です。


ビジネスに「確実」はありません。

最終的にどんなアイデアが選ばれても、そこには失敗の可能性や恐れ、不安が必ず付きまといます。むしろそれらの感情を帯びない保守的なアイデアが、想定以上の結果を生むことはないでしょう。

だからこそ**悩むことに時間を費やすよりも、その実現に力を注ぐことが最優先である**という意識を持って挑戦しなくてはいけないのです。

行動は必ず学びを与えてくれます。

唯一「失敗」と呼べるものがあるとしたら、それは「何もしない」ことでしょう。

「歴史ある価値」は壊れない

伝統的な価値は、これまでの歴史や信頼のうえに成り立っています。

自分たちの価値と、それを生み出した歴史や顧客からの信頼を信じてください。

そして選んだアイデアを勇気を持って実行し、ユーザーの声に評価をゆだねてみましょう。やってみた結果、ユーザーの反応から「ズレている」と感じたなら、俊敏に修正すればいいのです。

私自身、これまで多くの失敗を繰り返し、その度に戦略を練り直し、プロジェクトを推進しています。なかには力足らずで、頓挫してしまったものもあります。立ち止まりそうになることもありますが、そんなときに勇気を与えてくれる考え方があります。

それは、**「伝統あるものは壊れない」**という考えです。

京都で挑戦を重ねている方とお話をしていると、「歴史あるものは、そう簡単には壊れない」と仰る方が多いことに気づかされます。

伝統的な資産には「時代を耐え抜いてきた強さ」が備わっています。たとえ一時代の個人が大胆な挑戦だと感じる変化だったとしても、**数百年の長い尺度からみればわずかな変化にすぎない**、ということです。個人を超えた先人へのリスペクトを呼び起こし、現代の挑戦に対して奮い立たせてくれる考え方です。

仮説を持って市場にプロダクトやサービスを投下するとともに、ユーザーの反応を通じて、その仮説を検証、修正して伝統的資産の本質を見極めていきましょう。

「世に問う」と、想定外の成果が生まれる

しかし失敗にも良い失敗と悪い失敗があることを忘れてはいけません。**悪い失敗とは、ミッションが不明確で、いっときの話題や人気をねらったアイデアで失敗すること**です。

たとえアイデアが期待するほどの効果を生まなかったとしても、そこに仮説があり、その仮説が検証できたなら、それは確かな成果です。

次のより効果的なアイデアを生み出すための材料とすればよいのです。

またその取り組みに、企業や人のミッションや価値がしっかりと現れているのであれば、たとえうまくいかなくても、「ミッションや価値を世の中に知ってもらう」という役割は果たされます。

見込んだ効果が出なくても、そのアイデアに備えられたミッションに共感した応援者が現れたり、新たなパートナーや協力者といった次の挑戦につながる出会いが見つかったりするのです。

つまりアイデアとは、**自社が掲げるミッションを世の中に届けるための手段**でもあるのです。

人も、企業も、時代も、この世のものはすべて変化します。

諸行無常といわれるように、この世界の理は「変化」が基本であって、**変わらないことのほうが自然に反しています。**

一見、変わらないように見える私たち人間の体も、その内側では激しい新陳代謝が繰り返され、はじめて健康でいられるのです。
挑戦できず、現状維持を続けていては、衰退を免れられません。

ミッションさえ正しく設定できていれば、そのアイデアを実践すること自体に価値があり、実行へ移すことに臆する必要はありません。
勇気を持って、「実行」への溝を飛び越えましょう。

第 05 章

エグゼキューション
——「美意識」で、人の心を揺さぶる体験をつくる

chapter 05

Creating inspiring experiences with the
“Sense of Beauty”

エグゼキューションとは「実現」させること

私は、アイデアは妄想から生まれてくると考えています。

誰もが子供の頃、「こんなことできたらいいな……」と妄想を膨らませた過去があるように、そんな妄想からアイデアははじまります。

そして妄想をアイデアに昇華するには「実現できる」ことが欠かせません。

アイデアが社会に価値を生むために重要な「実現」、そして「アイデアをユーザーの体験に転換する」こと、それがエグゼキューションです。

頭に描いたミッション、ストラテジー、アイデアを妄想として終わらせることなく、ビジネスとして社会に実装するために必要な「エグゼキューション」について、本章ではお伝えしていきます。

価値を「体験」に転換する

ミッション、ストラテジー、アイデアという目に見えない価値を、ユーザーがその目で、その手で実感できる体験にするのがエグゼキューションです。

繰り返しますが、モノが溢れたいま、人がモノに求める価値は「意味」です。つまりモノそのものでなく、そこに込められたミッション、アイデアから生まれる物語、モノを受け取った後に生まれる作り手との関係性です。

だからこそ、その「意味」を伝え、「意味」と出会う「体験」、つまりエグゼキューションまでしっかりと設計することが欠かせないのです。

この点において、「アップル」はそのミッションやアイデアだけでなく、エグゼキューションのデザインにも哲学があります。

たとえば、iPhoneの箱は外箱と内箱のあいだに隙間が無く、すぐには開かず、数秒かけて空気が抜けるようにゆっくりと開く作りになっているのは、有名な話です。あえてスムーズに開かなくすることで、ユーザーの「早く開けたい、見たい、触りたい」気持ちを焦らし、出会いという「体験」の価値を高める演出をしているのです。

また、店舗である「Apple Store」においては、店頭にあるノート型パソコンの開いている角度を、画面の背面が床から76度になるよう規定しています。

76度は、一見するとほぼ垂直です。「それでは画面が見づらいのでは？」と感じるかもしれませんが、これは意図的に見づらい角度にしているのです。

なぜなら、このパソコンを見たお客さんは自分が見やすい角度に調整しようと、パソコンに手を伸ばすからです。

つまり76度は、お客さんが自社の製品に触れる「体験」を演出するために、徹底的に考え抜かれた角度なのです。これは「76度の魔法」と呼ばれ、この角度を測るアプリも開発するほど徹底されています。

「お客さんはその体験とどう出会うのか」、「どのような触り心地を与えるのか」、「どんな感情に訴えかけるのか」、これをデザインしていくことが、エグゼキューションを考えるということなのです。

プロジェクトの物語に「一貫性」をもたせる

体験においては、プロジェクトに込めた世界観を言葉でなく、身体性で感じていただかなくてはいけません。

「このエグゼキューションは、ミッション、ストラテジー、アイデアが直感的に感じられる感動体験になっているのか？」この点を考え抜くのです。

たとえば201ページで紹介した「Electronics Meets Crafts:」では、ミッションやアイデアを直感的な体験に転換するエグゼキューションを考えました。

プロジェクトのアイデアは「工芸とテクノロジーの交わる家電」であり、まさに工芸品のような、職人の技術が宿る家電が生み出されました。

しかし、ここに込められた**意図や目的を文字や言葉で説明しては、工芸の美が直感的に伝わる体験にはなりません。**そこで「どうすれば工芸と家電の融合を、直感的に体験してもらえるか」を考えていきました。

プロジェクトのなかで家電も実際は、デザイナーがユーザーのことを熟慮し、丁寧に生み出されていることを知ったのですが、残念ながら高度に効率化された流通の仕組みのなかでは、家電製品から作り手の存在や想いを想像することは難しくなっています。

一方、工芸はユーザーと職人の距離が近く、作り手の顔が見えることが魅力になっています。

そこで「作り手の顔が見える家電」という体験を生み出せないかと考えていたときに、「樹齢400年の御神木の材が手に入る」という情報が入りました。

その瞬間、すべてをつなぐ体験が目の前に描かれました。高級割烹料理店のように美しいカウンターを挟み、家電デザイナーが工芸品のような家電をお客さんにプレゼンテーションする体験です。

大工さんの技術によって京都の町家を貫く30メートルのカウンターが完成し、そこに工芸のように美しい家電が整然と並べられました。

ご覧になるお客さんは、家電に触れながら、カウンター越しにデザイナーや職人と対話するのです。

一本のカウンターが京都の町家を貫くその様は、工芸と家電がつむいできた伝統の連続性も象徴的に伝え、プロジェクトの物語を直感的に伝えるエグゼキューションとなりました。

想いや技術、アイデアを込めた製品やサービスも、それが届け方にまで一貫されていないと伝わりません。**お客様がそのビジネスと「出会う」瞬間まで、一貫性を持って徹底的にデザインする**必要があるのです。

「参加する人の顔」を思い浮かべる

現在、プロジェクトのエグゼキューションには、プロダクトにとどまらず、映像のような表現から、アプリサービス、イベント、建築、ムーブメントまで、多種多様なアウトプットが想定されるようになりました。

すべてのエグゼキューションに共通して大切なのは、**その体験を前にしたユーザーはどんな「顔」をしているか**を想像することです。

「笑顔」なのか、はたまた「共感」、「驚嘆」、「戸惑い」なのか。

体験の後に起こる景色を想像するのです。

プロダクトやサービスを、どのような人が、どんな場面で使い、最終的にどういった感情を持っているのか。このイメージを身体的なレベルまで脳内に描いていきます。

その状況をありありと想像し、チームが向かうべき世界観を共有することができれば、精度の高いエグゼキューションを導くことができるでしょう。

説明不要な「美しさ」が感動を生む

ここまで、エグゼキューションの重要性と、そこに一貫性を携える必要性についてお伝えしました。

そのうえで、エグゼキューションにおいてもっとも重要なことは「美しさ」だと考えています。**人は美に触れることで心を動かされ、そこに込められた物語を能動的に読み解いてくれるのです。**

「美」のあるエグゼキューションの反対が、説明的なエグゼキューションです。

必死に考えたミッション、ストラテジー、アイデア、そんな物語を伝えようと、どうしても人は多弁になりがちです。

しかし、人の心は論理では動きません。

論理を超えた感動を生むには、「美しさ」が必要なのです。

自然から得た、日本の「美意識」

つまりエグゼキューションを考える際、私たちは「美」に対して真剣に向き合わなくてはいけません。とはいえ「美しい」という概念は抽象的で、感じ方も人それぞれ多様だからこそ、「美しい」ともいえます。

では、人の心を震わせる普遍的な「美しさ」をどう磨けばよいのでしょう?

そこで、日本人が自然と共生してきたなかで育まれた**「美意識」が鍵になります。**

京都の職人さんは、「自然」から美を学び、仕事に再現してきました。

たとえば京都の繊細な染色は、四季によって移り変わる東山の微妙なグラデーションから採集されてきたといわれます。

また千利休が茶の湯の心得のなかで「花は野にあるように」と残したように、茶花においてはあたかも自然の様を再現するように活けるのが美しいとされています。

室町時代には、都のなかに出家者が暮らすような草庵風の茶室をかまえ、隠遁生活の場をつくり、日常生活との対比を楽しむ文化があったそうです。

これは「市中の山居」と呼ばれ、世俗から離れ、別の精神になれる環境を整えることで、「数寄（風流や風雅に心寄せること）」を極めるという意味を持っていました。

当時の人はそれほどまでに、**自然の持つ「優美さ」から学びを得ることを重視していた**のでしょう。


日本には、自然の姿から得た学びを編集して、美として再現する力が培われています。この感性によって培われた「美意識」を、プロダクトやサービスのエグゼキューションに再現するのです。

本質を際立たせる、「引き算」という美

「自然に倣った美意識」を発揮するといっても、ジャングルのような無秩序は、「日本らしさ」のある美とはいえません。

日本人の持つ「美意識」のポイントとなるのは、「引き算」です。

千利休と豊臣秀吉の、ある有名な逸話があります。

ある日、秀吉は千利休の屋敷に美しい朝顔が咲いていると耳にしました。

さっそく、それを見たいと申し入れ、利休の茶室を訪れた秀吉が庭に出てみると、その素晴らしい朝顔はすべて刈り取られていたのです。

激怒する秀吉が、利休に案内され茶室に入ると、そこには真っ赤な朝顔が一輪だけ花器に入れられ、床の間に飾られていました。

朝顔を刈り取ったのは、この一輪をより美しく見せるための計らいでした。

これはまさに、「引き算」による美の創造です。

その他のノイズを削ることで、本当に伝えたい「美しさ」がより際立ち、見る人の心により強い印象を残すのです。

世界に賞賛された、「引き算」の実践

京都にある歌舞伎の南座をリニューアルするプロジェクトの一環である「歌舞伎のモノコト展」をお手伝いした際も、この「引き算の美」を意識しました。

そのプロジェクトの本質は、歌舞伎の魅力を世界に発信することです。

少しでも遠くへ、言語を超えて歌舞伎の美しさを直感的に届ける方法を考えた結果、歌舞伎の道具をモチーフとしたアートビジュアルを作成することになりました。歌舞伎の美しさと伝統が宿り、その文化を支えてきた「道具の美」にフォーカスしたのです。

しかし当初は、「歌舞伎の道具は一般には親しみがないので、説明を入れないとわからないのでは？」という、関係者からの指摘もありました。

ですがここでは、あえて道具の説明を省きました。

なぜなら、いちばんに伝えるべきは歌舞伎道具の持つ「美しさ」であり、説明をして理解してもらうのは、興味を持っていただいた後でよいと考えたからです。

歌舞伎に興味のない人にまで関心を示してもらうには、**目的を「美しさ」にフォーカスして、それ以外の要素は削る、まさに「引き算」**が必要でした。

挑戦的な試みではありましたが、結果としてこのエグゼキューションは、D&AD、カンヌライオンズ、ADCなど世界の名だたるデザインの賞をいただきました。

このように、情報や説明を大胆に削ってシンプルかつ簡素にすることで、本当に大切なもの、伝えたいことを残せるのです。

「美意識」をどう身につけるか

作り手が美意識を磨くには、「本物」に触れ続けることです。

本当に美しいものに触れながら感覚を高めていくことで、自分のなかに美しさに対する精度の高いセンサーができあがり、偽物を見分ける目が養われていきます。

そのためには、**自然や日常のなかにある美しさ**にも目をこらしてみてください。

先ほどお伝えしたように、自然は美のひとつの解です。

自然を見て心が動いたとき、突き詰めるとそこには何かの理由が見つかるはずです。

そこに、エグゼキューションで実現すべき美のヒントが隠れています。


ところが私たちは、通勤路に昨日まであったお店が無くなっても思い出せないように、**日常を見ているようで意外と見ていません。**

日常生活のなかであらためて美を見出すことは難しいものです。

だからこそ、身の回りの美しさに気づくためには、あえて非日常を体験することが大事です。旅をしたり本を読んだり、そして自分とは異なる人とコミュニケーションしたりといった、**「当たり前」の思考から外れる体験**が必要です。

「日本の伝統文化に携わる道具は美しい」という視点も、海外の人から教えてもらったことでした。非日常と接する機会を増やすことで、当たり前を意識的にとらえられるようになり、身近な「美しさ」に気づく力が養われるでしょう。

卓越した「クラフトマンシップ」が美を生む

「美」の実現においては、欠かせない存在があります。それは「職人」です。

「美」は、360度どこから見ても隙のない「質」から生まれます。

それをかなえてくれるのが、高度な技術を持った職人たちです。職人が夢中になり、持てる技術を出し尽くしたとき、見る人の感動を生む「美」が誕生します。

たとえば「太秦江戸酒場」は、東映の職人さんの活躍なくしては成立しませんでした。まるで本当に江戸時代にタイムスリップしたかと思わせる体験の作り込みは、時代劇を継承してきた東映の職人だけが為せる技です。

超一流の職人たちが本気で取り組んだからこそ、お客さんに感動を与えました。

同じアイデアでも、「伝統を理解してほしい」「もっと時代劇に触れてほしい」という大義だけが先行していては、説明的なコンテンツになってしまっていたはずです。

社会的大義を掲げ、それを社会に実装していくには、**職人の力と、そこから生まれる「美」が欠かせない**のです。

ここでいう職人とは、伝統産業の職人だけではありません。デザイナー、エンジニア、ライター、大工、料理人、そして営業、企画、人事……。つまり、**数値化できない暗黙知を持ったすべてのプロフェッショナル**を指します。「美」を感じさせるエグゼキューションにはこうしたプロの技が欠かせないのです。

職人たちの「挑戦魂」をうまく引き出す

とはいえ、職人には苦手な領域もあります。

それぞれの道のプロである職人は、自らと向き合い無二の技術を磨き続けてきたために、ときにアウトプットが社会のニーズとマッチしていないことがあります。

そのため職人の力を体験に転換するには、**技術の用途を再発見し、社会にフィットする体験になるようアップデートする**お手伝いをする必要があります。

しかし、伝統的な技法を継承してきた職人たちは、先人からの教えを尊敬するがゆえに、短期的な流行には耳を貸してくれないのが常です。人智を超えた身体感覚や、言語化できない暗黙知こそが強みの職人が、安易な提案や流行に興味を示さないのは自然なことです。

そんな職人たちを動かすのは「挑戦」です。技術を探求し続ける職人たちの多くは、まだ見たことないことや、無理難題に挑戦する「フロンティアスピリット」を持ち、立ちはだかる壁が高いほど、闘志に燃え、自らを進化させます。

相手の経験や技術をリスペクトし、職人たち自身の「挑戦する意味」を見つけてもらうことで、うまく力を貸していただくのです。

誰でも「やらされ仕事」は嫌いなもの

職人たちの「挑戦魂」を引き出し、その技術で、美を携えた体験を生み出してもらうには工夫が必要です。

それは、職人たちの**クリエイティブマインドを尊重する**ことです。

完成形をあまりに具体的に依頼してしまうと、職人にとっては「やらされ仕事」となり、「挑戦魂」によってその本来の力を発揮していただくことができません。

ミッション以外に共有するのは、ゴールイメージや最低限のルールといった「世界観」に留め、**細部は職人たちに委ねてみましょう。**

「太秦江戸酒場」でも、関係者に共有したのは「幕末の江戸時代」「文化のエンタメパーク」「時代劇のライブ」といった世界観です。

目指す世界観さえうまく伝われば、職人は手を動かしながら、想像を超えた解像度でその世界を形にしてくれます。

つまり関わる仲間や職人が**「自分で創る余白」を残す**ことが重要なのです。

「余白」や「あそび」を残すことで、それぞれのクリエイティブマインドが刺激され、多くの人が知恵を働かせてくれます。

その結果、個々の「得意」が存分に発揮されるのです。

これが、チームでつくり上げていくことの醍醐味です。

「突き抜ける」から感動が生まれる

職人たちの素晴らしい技術を存分に発揮するために、もうひとつ大事なことがあります。それは、**アイデアがブレない**ことです。

「太秦江戸酒場」の準備段階では、「足元が見えづらくて危ないのでは？」という意見がありました。イベントにおいて安全性を考慮するのはもっともな指摘です。

しかし「太秦江戸酒場」では、「江戸時代にタイムスリップして遊ぶ」というアイデアを形にするために、江戸時代の陰影や空気まで再現したいと考えました。谷崎潤一郎が提唱した「陰影礼賛」という誇るべき美意識や、現代の便利で安全な暮らしで失われた豊かさを体験に変換したかったのです。

結局、照明は最低限に抑え、あえて暗がりのある雰囲気のなかで、お客さんは手に提灯を持ってその暗がりを楽しむ体験を創造できました。

体験は、突き抜けているからこそ美しいのです。

現実的な事情を汲み取ったエグゼキューションでは、見る人の感覚メーターは振り切れません。フォーカスする要素を定め、職人技によって形にし、人々の予想を超えた感動を生み出しましょう。

「気配」にうったえかける

「美しさ」を感じるエグゼキューションにおいて、重要なことがもうひとつあります。

それは、見た目の美しさだけでなく、質感、味、音、香りなど、**ユーザーの五感を刺激する**ことです。

人は論理でなく直感でモノを評価します。

次世代の消費者が「意味」の価値に対価を払うようになると、世の中の情報量は機能性を超えて倍増することになるでしょう。

意味や物語が重要になれば、なお一層のこと、直感的に感じられる価値が大切になるのです。

人は**説明では立ち止まらず、直感によって振り向く**ことを忘れてはいけません。

「理解させる」ではなく「感じさせる」

京都に家元があり、私もお稽古に通っている能楽シテ方五流のひとつである金剛流の若宗家、金剛龍謹さんのプロジェクトをお手伝いさせていただいたことがあります。

それは、お能に次世代のファンをつくろうというプロジェクトでした。

能は、たびたびその「わからなさ」が課題に挙げられます。

みなさんのなかにも、能をご覧になったことがあったとしても、よくわからなかったという方もいらっしゃるのではないでしょうか。

能は舞台装飾や小道具、演者の動きもふくめて、無駄な要素をすべて削り落とした抽象度の高い舞台芸術です。言葉も文語で、ストーリーの丁寧な説明があるわけでもないため、たしかにこの「わかりづらさ」は理解するという観点で見ると、大きな障壁といえるでしょう。

ただし、現代アートと同じで、それこそが能の持つ魅力であり、**余計な説明や補足をすれば、そのよさは失われてしまいます。**

そこで、あえてその「わからなさ」が際立つ演出を考えました。夕暮れ時の伏見稲荷大社で、陰りゆく光の下、屋外で能を楽しむ「夕暮能」を開いたのです。

能は、神仏や亡霊といった超自然的な存在を表現する芸術でもあります。

舞台に差し込む夕日や、日が落ちきって訪れた暗闇によって、観る人の五感が刺激され、舞台だけでなく周囲の微かな音や、草木の香り、そして能の持つ目に見えない霊的な魅力まで伝わってくるような体験になりました。

わからなさを無理に「理解する」のではなく、本来持っている幽玄な魅力や気配を、そのまま五感で「感じる」体験にしたのです。

「理解力」は個人の持つ情報や文化に依存しますが、**「感じる力」は人間本来が持つ感覚であり、必要に晒されれば呼び覚まされる**ものです。

「夕暮能」では、闇という見えないものを見る環境を強制的につくることで、その内容が解らずとも、「美」を五感で感じられる舞台になり、結果、能にほとんど触れたことがなかった人まで、多くの方に楽しんでいただけました。

人の五感に訴えかけることで、**誰もが分け隔てなく享受できる「美」を表現できる**のです。

古来日本には、身体感覚を用いて価値を感じる文化があります。

欧米では「香り」を防腐や防臭、儀式道具といった実用的な面からとらえていたのに

「夕暮能」

かつて京の旦那集が娯楽として楽しんでいたように、能本来の気楽な楽しみ方を提案した催し。夕暮れ時の神社仏閣の境内で開演され、沈みゆく太陽の下、能の持つ幽玄な魅力を五感で感じられる舞台。

「ミッション」

能に、次世代のファンをつくる

「ストラテジー」

神社仏閣の能舞台で、気軽に楽しむ能という新たな観光ルーティーンの創出

「アイデア」

暗闇の中で能の持つ幽玄を観る

「エグゼキューション」

日が沈み、暗闇が訪れ、役者と社寺の境界が溶け出す夕暮れ時の舞台で、
観客に見えないものを見てもらう

対し、日本は当初から「お香」として、「その香り自体を楽しむ」という文化を持っていました。平安時代には、貴族たちはより優美な芳香を求め、自らの調合技術を磨いていたともいわれているほどです。

つまり五感を通して人の感性に訴える手法は、まさに「日本らしさ」のある方法といえるのです。

「わかりにくい」でいい

最近はゲームや映画、小説にいたるまで、「わかりやすさ」が求められます。大量のコンテンツの中では、**瞬時に面白いと判断されなければ、どんなによいコンテンツであっても見てさえもらえない**というジレンマを抱えているためです。

また、つい私たちは、何を見るのも、何を食べるのも、どこへ行くのも、すべて事前に口コミを見てその評価を確認してから行動してしまいがちです。

つまり「理解する」ことばかり増え、「感じる」ことが減ってしまったのです。

かの世阿弥の残した書『風姿花伝』の中に、「秘すれば花」という言葉があります。ここには、「隠すことが魅力となり、感動を与える」という意味が込められています。人はわかった気になると、興味を失って飽きます。わかりやすいもので溢れる現代、私たちはこうした矛盾を意識する必要があるのでしょう。「理解する」ではなく、「感じる」ことで伝わる「美しさ」。そんなエグゼキューションを描いてみてください。

「参加できる余白」をつくる

「美しさ」とは少し異なりますが、日本の持つ「余白の精神」を応用できるエグゼキューションの形が、もうひとつあります。

それは、「余白」によって**人々の「参加」を創造する**ことです。

完成された均一的な価値が世の中に溢れた結果、その価値を受け取ることよりも、それらを**「つくる側」に回ることに価値を感じる**人が増えています。

たとえば、映像コンテンツです。映画やＴＶといった完成されたコンテンツに代わり、Youtubeなどをはじめとする動画配信がその存在感を強めています。

その要因は、一方的に受け取るだけの映画やテレビ番組とは違い、評価ボタンやコメントによって自分の意見を作り手に届けることができ、それがコンテンツの内容や評価に関わってくるインタラクティブ性があるという点でしょう。

ユーザーは応援する動画やその動画主を盛り上げるために、積極的にコンテンツに関わっています。自分の行動が影響を持つことで、そのコンテンツづくりに参加しているような気になれるのです。

動画コンテンツの場合、評価ボタンやコメントは、受け手側が参加することで満たされる「余白」です。

人が体験したくなるエグゼキューションを考えるうえで、「参加したくなる」という仕掛けが大切であり、そこには**受け手側が参加できる「余白」の存在**が大きな役割をはたすのです。

「一緒につくる」という価値

参加できる「余白」を携えるだけでなく、その制作過程にも「余白」を残す方法もあります。つまり、**「誰かの手が加わらないと完成しない物語」**を描くのです。

現在進行形の物語を提示することで、ユーザーに「協力したい」「応援したい」「一緒に物語をつくっていきたい」という衝動が湧きます。

この「参加していただき共に創る」という価値を感じたのは、「積水ハウス」と「GOON」のコラボレーションによるマンション設計の企画に関わったときでした。

「工芸建築」というアイデアを設定し、共用スペースのアートを未来の住人がGOONのメンバーと一緒に考え、制作工程から参加できるという体験価値を生み出しました。

一般にマンションは規格が決まっていて、住人がデザイナーや職人とつながることは稀でしょう。そうした常識を逆手にとり、職人にお誂えをお願いするような物語あるマンションという新しい価値が生まれたのです。

「THE KYOTO」が「知る」だけでなく「出会う・育てる」の体験も重視しているのも、「THE KYOTO」が掲げるミッションやプロジェクトに、ユーザーにも一緒に参加していただきたいと考えているためです。

旅行の計画を立てているときが楽しいように、試合の勝敗を予想するのが楽しいように、先のわからない「これから起こること」を想像するのは楽しいものです。「一緒につくっていく」ことは、参加しているユーザーに「このプロジェクトはこの先どうなっていくのだろう」というワクワク感も与えられます。

そしてそんな冒険を一緒にしてくれた仲間は、きっとその先にも心強いファンになってくれるはずです。

そのエグゼキューションに「参加できる余白」があるかどうかも、ビジネスを創造する際に考えてみてください。

「不完全」が体験へと誘う

日本人の持つ「美意識」のひとつに、「侘び寂び」があります。

「侘び」は「閑寂さや質素さのなかに心の充足を見出す意識」を、「寂び」は「古いものや枯れたものから感じられるおもむき」を意味しています。

異なる意味を指すふたつの言葉が、禅の世界において組み合わされて、「自然の摂理を認め、あるがままの静かさ、素朴さ、儚さ、古さ、時間の経過などに感じられるおもむき」を指す言葉として生まれたのが、「侘び寂び」です。

寺社仏閣の静寂な境内、装飾の痛みや錆び、庭の石に生えた苔、散りゆく紅葉の儚さや残った枝の寂しさ、こういった点に「侘び寂び」を感じ、美しさを見出してきました。

千利休が求めたのも、豪華な茶器を使ったものではなく、質素さや素朴さといった「侘び寂び」のある「茶の湯」の形でした。

つまり、「満たされていない」ものや「朽ちていく」ものといった「不完全さ」に美しさやおもむきを見出す美意識を、日本人は大切にしていきたのです。

この「不完全という美」も、エグゼキューションにおいて発揮できる日本らしさです。

たとえばいま、20代を中心に「使い捨てフィルムカメラ」が流行っています。

画質が粗く、撮影した写真を確認できず、現像が必要で撮り直しもできない、あのフィルムカメラです。撮影枚数に限りがあり、ズームもできず、ピントを合わせるのも難しいなど、スマホのカメラに比べて、あらゆる点で不便さがあります。

この不便さが、若い世代にとっては「目新しくて新鮮なもの」に映っています。

性能が不完全であるからこそ、現像するまでの「待つ」という楽しみが生まれ、また、現像しても、ピントがあっていなかったり、不思議な光が入っていたりと、作為では表現できない素朴な色味や儚さが魅力になるのです。

たしかにスマホのカメラは誰でも完成された写真が撮れる便利なものですが、そこに不完全を補う想像の余地はあまりありません。

不完全でもいい、儚いからこそ美しい、そんな弱さを愛することができる美意識を日本人は持っているのです。

欠陥がないこと、完璧であることが価値と思い込み、寛容性を失いつつある現代において、それを逆転する不完全なエグゼキューションもぜひ考えてみてください。

無駄のある「遊び」を演出する

エグゼキューションにおいて、「美意識」以外にも発揮することのできる「日本らしさ」があります。

それは「遊び」です。ビジネスに「遊び」を混同していきましょう。

これからは「遊び」の時代です。

機械化やテクノロジーのおかげで、私たちは一昔前と比較して、自由に使える時間が飛躍的に増えました。働き方の見直しで残業時間も減り、コロナをきっかけに在宅勤務が選べるようになり、通勤時間すらなくなってしまった方も多いはずです。

そして今後、ＡＩの進化により人間が行う多くの仕事がロボットに代替されていくことでしょう。想像以上に早い未来に、多くの人にとって労働は不要となり、私たちは暇になります。

したがってこれからは、**「暇の消費」が社会的に重要な欲求**となっていきます。

その時代に残るもの、それが「遊び」です。楽しくてやりがいのある「遊び」こそが、これからのビジネスにおいても重要な要素となるのです。

「競わない遊び」をしよう

現在、「暇の消費」としてはスマホアプリやＳＮＳなどがポピュラーでしょう。

しかし、一見「遊び」として楽しんでいるように見えるもののなかには、競争心や優越感、射幸心などを煽る脳への刺激が設計されたものが多くあります。

遊びとして楽しんでいるはずが、承認欲求の獲得や、他人に勝つことに躍起になり、焦燥感に疲弊し、快楽とともに強いストレスをも感じてしまう……。

こうなっては**「遊んでいる」というよりも、「遊ばされている」**というほうが正しいでしょう。これでは、本来的な遊びとはいえません。


一方で日本には、「競争」や「利益」の介在しない粋な「遊び」文化があります。

たとえば花街のお座敷遊びは、無粋さとは無縁です。

芸舞妓さんの芸やその場の空気感を楽しむ、完全に「無駄」な遊びなのです。

将来や日常とは切り離された、いわば虚構の世界における美の体験です。

虚構であるからこそ、そこではあるがままの自分でいられるのかもしれません。

こうした「無駄」で純粋な「楽しさ」をもたらす時間こそ粋と考えるのも、日本人の美意識です。

「自由に遊べる余白」が楽しさを生む

「着物文化を次世代へつなぐ」をミッションにしたプロジェクト「#playkimono」をプロデュースしたときも、「遊び」を強く意識して設計しました。

日本の職人技術がつまった美しい着物は、もっと自由に着てもいいはずなのに、「決まりが多くて堅苦しい」という印象が高いハードルとなっています。

その固定観念を変えることができれば、貴重な染織技術と着物文化を次世代へつなげることができると考えたのです。

そこでこのプロジェクトでは、これまで着物に興味を持ちながらも、実際にはまだ踏み出せていない30、40代を対象に、「ファッションと同じように着物を自由に楽しんでもらう」ことをストラテジーにしました。

そして、「きものをもっと自由に」というスローガンを掲げ、年齢も国籍も問わず、世界中の方に「遊び」感覚で気軽に参加していただけるようにプロジェクトを「#playki

「#playkimono」

「きものをもっと自由に」をスローガンとして掲げ、着物を自由に着こなして発信できる体験イベント。キモノアンバサダーによるトークショーや、セミナー、ワークショップといった催し、アンティーク着物からモダン、インナー、履物、和小物まで扱うショップも開くなど、あらゆる角度から着物を遊ぶ場となった。

「ミッション」

着物文化を次世代につなぐ

「ストラテジー」

ファッションとおなじように着物を自由に楽しんでもらう

「アイデア」

自由に着こなした着物を身に纏い、みんなで集まる遊び場をつくる

「エグゼキューション」

「#」でSNSに発信してコミュニケーションする遊びを楽しんでもらう

mono」と名づけ、「＃（ハッシュタグ）」をつけてSNSにも着こなしを投稿してもらえるようなエグゼキューションにしました。着物の着方のルールは、着る人が自由に決めるという新しい文化を発信したかったのです。

この自由度によって、若い方の自由でクリエイティブな着物の着こなしがSNSで多数発信されることになりました。

もちろん、正統的なルールに則った着物の着方も素敵です。ただ文化は、選択肢やカウンターカルチャーがあった方が豊かに育まれます。

着物を、ただ格式を身に着けるのでなく「自分なりの着こなしを発信できる」、「着ている人どうしで楽しくコミュニケーションできる」といった**「遊び」にしたことで、新しい価値として興味を持ってもらえた**のです。

社会的大義を含むミッションを帯びたプロジェクトは、正論になりがちです。

しかし生真面目な正論は、面白みに欠けます。

「＃playkimono」の「着物文化を次世代へつなぐ」というミッションも、その大義は、誰も否定しないでしょう。ただ、そのままでは共感や意外性がなく、多くの方に参加していただくことは叶わなかったでしょう。

だから、そこに「遊び」や、参加できる「余白」を加えるのです。

純粋に「楽しい」、「面白い」と思える「無駄」や「遊び」を、大胆にエグゼキューションに取り入れてみましょう。

「右手にロマン、左手に算盤」で仲間を募る

「アイデアは実現されることでビジネスになる」

本章の冒頭で、こうお伝えしました。

「実現」を登山にたとえるなら、ここまでの内容は「どの山に登るか」を考えるためのものです。ここから、実際に手足を動かして山を登っていかなくてはなりません。

それは現実に立ち向かうことであり、ビジネスを遂行するには避けては通れない道です。そして、地道な積み重ねが避けられません。

この本で描いていただいたビジネスを絵空事で終わらせないために、そして、読み終わったみなさんが具体的な一歩を踏み出せるように、この「山の登り方」を、本書の締めくくりにお伝えしていきます。

「企画書」をつくってチャンスを掴む

まず、「実現の山」はひとりでは登れません。

登山道を話し合う相手、先頭に立って皆を率いてくれる経験者、切り立った崖を越えるときに手を差し伸べてくれる仲間、トラブルに巻き込まれたときに助けてくれる存在……。そこには必ず、**共に歩む仲間の存在が必要**となります。

そして、山を登るパーティーになってくれる「よそもの」は、思わぬときに出会うものです。その千載一遇のチャンスを実現の第一歩にできるかどうかは、その瞬間に相手にどれだけ具体的なイメージを持ってもらえるかどうかが運命を分かちます。

その際、**企画書があればチャンスを逃しません。**

自分の妄想を具体的な企画書やモックアップにして四六時中持ち歩き、いつでもプレゼンできる状態にしておきます。

提出やプレゼンの予定がなくても、頭のなかにあるものを文字や言葉にすることで、そこに論理の抜けや矛盾が見つかってくるはずです。

その点をクリアにすることが、仲間を募るうえで必要な作業となります。

繰り返しますが、投資家や社内外のキーマンとの出会いはいつ巡ってくるかわかりません。その**チャンスが訪れた際に、描き上げた世界観を余すことなく伝えられる準備**をしておくのです。

また企画書では、ミッション、ストラテジー、アイデア、エグゼキューションのストーリーや世界観だけでなく、「どれだけの収入を想定していて、どれだけの支出があるのか?」といった、ビジネスの「P／L(損益計算書)」を描いておくことも重要です。

出資側は必ずその点を気にします。

右手にロマン、左手に算盤を携えて、具体的イメージを描いておきましょう。

チームの「やりたい」を設計する

仲間を募るといっても、協力してくれるなら誰でもよいわけではありません。なぜなら一朝一夕では実現できない社会的大義のあるミッションには「持続力」が不可欠となり、そのためには**「当事者意識」を持った仲間**を得る必要があるからです。

この「当事者意識」の重要性を学ばせてくれたのは、重要プロジェクトの立ち上げ担当としてアジア各国を回っていたときです。

私はアジア各国の電通現地メンバーと連携し、その時々の新プロジェクトの戦略立案に関わらせていただきました。そして無事にプロジェクトが立ち上がると、また次の国に移って次の計画をつくるというサイクルの繰り返しです。

しかし私が現場でプロジェクト推進をリードしているときはうまくいっていたように見えた計画も、ひとたび私が他の国に移ると、その後、途中で歯車が狂うという経験を何度もし、反省しました。

ミッション達成のために計画をいくらデザインしても、ミッションを遂行するチームの気持ちまで丁寧に設計されなくては、プロジェクトの継続的な成長は望めないのです。

このように実行においては、**そのミッションの達成に向けて「全力を尽くしてくれる仲間」の存在と、「継続的な当事者意識」**が欠かせない力となります。

他者と協力して実行するには、「やりたい」と主体的に考えてくれる協力者の存在が不可欠なのです。そんな「当事者意識のある」仲間の継続的な動機づけをつくることが、価値を生み続けるチームづくりなのです。

「やらざるを得ない人」はどこにいる？

ですが、現在私たちが立ち向かっているような新たなサービスや商品の立ち上げでは、積極的な協力者を得ることは苦難がつきものです。

なぜなら「新しいこと」は前例として提示できる数字もなく、ユーザーの反応や結果もわからない怖さから、多くの人が様子見の姿勢をとるからです。

多くの会社で新規事業が立ち上がり、いたるところで変革の掛け声が上がっていますが、実際にはまだ「変わることのリスクの方が大きい」と考えるのが、いまの日本企業の現実ではないでしょうか。

そのため私は、頭に描いたミッションやアイデアを実行に移す際は、まずは**それを「やらざるを得ない」人たち**を探します。

ここでいう「やらざるを得ない人」とは、課題を抱えていて、そのプロジェクトを達成することで課題を解決できる人のことを指します。

よりシビアに表現するなら、「いま、やるしかない」人です。

時代や社会の変化を感じていて、「このままではいけない。なにか行動しなくては」と感じている方であれば、強い当事者意識を持って、プロジェクトに協力してくれます。

私がプロジェクトを提案したり立ち上げたりする際も、いつもこの考えに基づいて協力者を探しています。

「文化をグローバルに発信して、コミュニティをつくる」という想いからスタートした「THE KYOTO」も、「一緒に手を組むのにベストなパートナーで、かつ、やらざるを得ない人は誰だろう」と考えました。

生半可でない「THE KYOTO」の挑戦に、「当事者意識」を持って参画してくれるパートナーにふさわしいのは誰かを、必死に考えたのです。

「太秦江戸酒場」を立ち上げる際も、同じように協力者を見極めました。

「時代劇の制作が減っている」という課題を持つ職人の方々にとっては、「時代劇の新しい見せ方を探究する」プロジェクトは、まさに「やらざるを得ない」ものでした。

そのため、みなさん結果的に強い当事者意識を持って協力してくださり、素晴らしいエグゼキューション まで辿り着けたことは、言うまでもありません。

もちろんいかなるケースにおいても、それぞれ替えのきかない技術を有していて、それ以上のパートナーはいないと考えたうえです。

このように、新しい価値を持つビジネスの実現にいたる道は、チームビルディングから始まっているのです。

「リスペクトの心」を絶対に忘れない

しかしここで、ある葛藤が生まれます。

「やらざるを得ない人」とは、現状に難しい状況を抱えている方です。

つまり協力者へ挑戦をお願いすることは、必然的に相手の課題を明示し、真剣に向き合うことになるのです。

いきなり部外者から課題を批判されたら、誰でも心乱されることでしょう。

人によっては、これに抵抗や難しさを感じる方もいるかもしれません。

だからこそ、課題の共有にあわせて、同時にそのプロジェクトが「相手の持つ課題の解決策になる」と伝えることが大切になります。

そしてその際は、**相手が持つ技術や素材、物語に対して十分なリスペクトを払う**ことが大前提となります。

相手の伝統的資産に対して「それが現代に十分に活かしきれていないのはもったいない。無二の技術は次の時代にこそ輝くはず」という真心で、プロジェクトを提案するのです。

このようにチームビルドには、必然的にシビアとなる局面があるかもしれません。

しかしリスペクトの気持ちを大切にして、プロジェクトを通じて心の底から相手の役に立ちたいという想いを伝えれば、はじめは重たいと感じた扉も、少しずつ開いていくでしょう。

反対意見は「成功体験」で超える

新しいことを始めるとき、そこには必ず反対意見が生まれます。

前節でお伝えした方法によって「やらざるを得ない」仲間を集められたとしても、全員がプロジェクトに賛同してくれるとはかぎりません。

違う人間たちが集う以上、そこに様々な価値観が存在するのは必然です。

だから、まずは可能な範囲で、小さくでもいいからとにかく始めましょう。

そのプロジェクトの意義に懐疑的な人に自発的に考えを変えてもらうには、小さいチャレンジから始めて、ひとつでも、少しでもいいから成功事例をつくることです。

それを成功体験としてチーム内で共有し、一歩ずつメンバー間で信頼を積み上げていくのです。

小さくとも結果を示すことで、これまで反対していた人たちも少しずつ耳を傾け始めてくれるのです。

「ユーザーの反応」が反対意見を変える

すでにお伝えしたように、エグゼキューションには「職人」の存在が不可欠です。そして職人はみな、ユーザーに認められること、楽しんでもらえること、そして自らが生み出したものを通じてユーザーとコミュニケーションをすることに、このうえない「喜び」を感じます。

そのため、プロデューサーや企画者といったまとめ役が「こうしてほしい」「こうできないか」と説得や指示をするよりも、「お客さんはここに反応した」「ここに不満を感じた」と、**ユーザーからの反応を伝えるほうが何倍も効果がある**のです。

ユーザーの声を逐一届けることで、「じゃあ次はこうしてみよう」「それならこっちのほうがいいかも」と、少しずつ修正や改善が繰り返され、あなたの思いもよらなかった最上のエグゼキューションへと到達できるでしょう。

「太秦江戸酒場」の企画時にも、多くの反対意見がありました。

実際に撮影に使われている時代劇のセットを酒場化するアミューズメント施設ですから、「貴重な映画のセットの中で飲食するなんてけしからん」といった反対の声が上がるのも当然です。

しかし、そういった意見に目をつむり、まずは小規模で実行したところ、訪れた人の感動が制作陣にも伝わったのです。

静岡からお越しいただいたある時代劇ファンのお客様は、「こんな機会をつくってくれてありがとう」と、**涙を流しながら、演者に感謝の気持ちを伝えてくれました。**

この反応を得た途端、職人たちは奮起しました。

職人魂に火がつき、「照明をより美しくしよう」、「時代劇の演出をもっとこだわろう」と、進んでいくつものアイデアをだしてくださったのです。

また組織単位では、小さくとも具体的なプロジェクトを生み出すことを重ねていると、意外にも会社の経営層（社内、社外問わず）にその意義を見つけてくれる人が現れるものです。

組織を背負った企業経営という難しい仕事をしている方ほど、純粋に価値や面白さを追求する仕事が貴重に映るためでしょう。そういった方に後見人を務めてもらうことで、あなたのプロジェクトはさらに加速するはずです。

とはいえ最初の結果を迎えるまで、反対意見はつらいものです。

もしかすると、その人たちは最後まであなたには心を開いてくれないかもしれません。それでも、**ユーザーにとって素晴らしい価値が提供できるなら、それでいいじゃないですか。**

結果がでれば、すべての苦労は綺麗に報われます。

たとえ摩擦や衝突があっても、結果を積みかさねていくことで、チームは進んでいけるのです。

「破壊」と「創造」を両輪で回す

「レンタルをリスペクトしすぎた結果、ダウンロードやストリーミングの波に乗り遅れてしまった」

これは、TSUTAYAなどを運営するカルチュア・コンビニエンス・クラブ株式会社の創業者である増田宗昭さんの言葉で、私の心に強く印象に残りました。

新しいことを始めるということは、これまでのビジネスに共感や価値を感じていた既存顧客やステークホルダーを切り捨てることにもなりかねません。

簡単に針路を変えられない気持ちはわかります。

時代の転換期を担うリーダーは、葛藤や矛盾を孤独に抱え込んででも、社会に価値を生み出すことに向き合わなくてはいけません。それは本当に難しく厳しい役割です。

しかしここで変わらなくては、既存顧客は高齢化し、異分野からある日突然現れるゲームチェンジャーの脅威に晒され、自社ビジネスは終焉を迎えてしまいます。**ビジネスを継続させるには、絶えまないアップデートが避けられない**のです。

とはいえ、既存のミッションや顧客を完全に捨て去る必要はありません。

自社のレガシーが大きい場合、プロダクトやプロジェクト、担当者ごとに異なるミッションを設定し、**既存顧客を守る役、新規顧客を開拓する役と分担**すればよいのです。

社内に「出島」をつくって進める

社内で複数のミッションを掲げて進めるケースでは、既存商品や既存事業との矛盾がおきたり、利害関係が生じて互いに気を遣いあってしまったりして、事業に本気で取り組めなくなることもあります。

また、既存事業と新規事業では評価すべき基準も異なり、既存と同じ仕組みのなかに置いていては、実行する人たちのモチベーションにも悪影響を与えかねません。

こうした事態を避けつつ、「未来をつくる」事業を進めるには、社内に出島的な専門部署をつくったり、社外組織をつくったりする方法が有効です。治外法権的に守られたセクションを設けることで、「守ると壊す」を両輪で進め、未来を見すえた新芽を育てていくのです。

「日本の工芸を元気にする！」をビジョンとして掲げ、全国の店舗とオンラインショップ、さらに自社メディアまでをも手掛ける「中川政七商店」は、その好例です。

１７１６年に創業した同社は高級麻織物の商いを立ち上げ、３００年にもわたる歴史の中で様々に形態を変えながら、麻製品を中心にしたビジネスを展開していました。１９８０年代には麻雑貨を扱う「遊　中川」をオープンしましたが、当初、雑貨部門は赤字だったそうです。

そこで、２００８年から13代目社長を務め、現在は会長に就いている中川政七さんは、同社に入社した２００２年、「卸から直営店へのシフト」を掲げ、雑貨事業の黒字化に取り掛かりました。そこには「直営店になってお客様に認知されないと、最終的には価格競争に入っていかなくてはいけなくなる」という危機感もあったそうです。

その際、既存事業の方向性をガラッと転換するのではなく、新規事業として新ブランドを立ち上げ、既存事業と並行して新たな事業を行なっていきました。

自らの理念や戦略を大事にしながらも、「業績かビジョンか、という二項対立の構図ではなく、中期で見据えれば、それらは自然と重なってくる」という考えを大事にして進めていったそうです。

結果、立ち上げ当初はなかなか理解いただけなかったビジョンも、少しずつ実績がでてくるうちに社内でも共感してくれる人が増え、同社の中核事業へと成長しました。

過去の評価や成功体験に縛られていては、新しい価値は創造できません。

時代の流れに取り残されないためには、**ときには組織構想や企業文化ですら再解釈、再定義してみる**必要があるのです。

すべてのプロジェクトは、次への「プロトタイプ」

「自分はこんなに多くの人を巻き込み、大きな変化を起こそうとしている」

新しいビジネスを立ち上げ、畑違いの人を巻き込み、結果のわからない未知に挑戦するプロジェクトを動かしはじめる。これには各方面から、多大なる重圧がかかるでしょう。

本書を読み、これから新たなビジネスを創造していくあなたが、この大きなプレッシャーに負けず、その逆境を楽しんでいけるための思考をお伝えします。

これは、常に自分にも言い聞かせていることです。

そもそも**クリエイションには破壊がつきものです。**

既定路線を打ち破る新しい仕事をするうえでは、葛藤や矛盾は必ず生み出され、**それが大きいほど、いい仕事をしている証**でもあります。

私自身、「ただ伝統文化を破壊しているだけだったらどうしよう」と悩むことは何度もあります。正直、現在も模索中です。

しかしいくら私が悩んだところで、誰も救われません。

結果を出すことでしか、協力してくれた人々、賛同してくれた方々に報いることはできません。もしも悩み立ち止まっている暇があるのなら、すべての時間と労力を、結果を出すためだけに使うべきなのです。

「失敗の数」が価値になる

そしてどうか、「失敗」を恐れないでください。

229ページでもお伝えしましたが、そこに確固たる意志があれば、その時点でたとえ思うような結果が得られずとも、その経験は失敗にはならないのです。

私は、これまで数多くのプロジェクトに関わらせていただきましたが、ひとつとして失敗とは感じていません。

もちろん、思い通りにいかないことは常にあります。

反省なら、それこそ数えきれません。

でもすべてのプロジェクトは、その次の何かに必ずつながっています。

「GO ON」というプロジェクトがあったから、「RIMPA400」や「夕暮能」があり、その先に「太秦江戸酒場」が生まれました。またそれらの仕事があったからこそ、「Panasonic Design×GO ON」というグローバルな流れができました。

そして、そういった経験が土台となり、「THE KYOTO」が誕生しました。

どんな失敗も、問題点を把握して次に活かすことができれば、失敗にはなりません。むしろ**その失敗が、その後の価値を創り上げている**ともいえるのではないでしょうか。

修正や改善が当たり前のデジタルの世界では、小さくはじめて修正していく「アジャイル開発」というアップデート主義の考え方が主流になっています。

まずは小さくはじめて、反応をみながら発展させていけばいいのです。

それなら、上司やチーム、パートナーも安心しやすいでしょう。


つまり失敗は「仮説の検証」に変わるのです。

失敗には必ず理由があります。

その理由を的確に捉え、次への材料とすればいいのです。

すべてのプロジェクトは、次へのプロトタイプなのです。

新しい価値の設計こそ、「未来をつくる仕事」

人口の減少、消費志向の低下、そしてコロナウイルスの世界的な流行……。

様々な危機に直面する日本のビジネス環境は、保守的思考に寄りつつあります。

企業は投資や挑戦を控えて内部に資金をプールし、内部留保の合計額は8年連続で増加し続け、2019年には過去最高を記録しました。

企業がこんな姿勢であるため、現場でも、何を始めるにも最初にすべてのリスクを潰しておこうと考える傾向があります。
「そんなことをして、失敗したらどうする」「人手が足りなくなったらどうするんだ」「反響が大きくなって対応しきれなくなったらどうするんだ」と、うまくいったときのことまで含めてあらゆるリスクを指摘し、それが会社のためであるといった認識が蔓延しています。

しかし先行きが不透明で、将来の予測が困難なＶＵＣＡ時代、**必要なのは地図よりコンパス**だといわれています。

つまり詳細な計画より、方向性を指し示す指針です。

計画通りにいかないことを前提に、むしろ目まぐるしい環境変化に俊敏に柔軟に対応していく力が求められています。

わかっていることがあるとすれば、日本の人口減少も、消費意識の変化も、コロナの流行も、簡単に変えることはできないということです。

そしてそんな社会で保守的になっているだけでは、耐え忍ぶことはできても、いつか必ず限界がくるということです。

何事にも必ずリスクはつきまといます。
それを取り上げて指摘するのは簡単なことです。
ですがそれは、**未来をつくる仕事ではありません。**

変化する環境のなかで生き抜いていくためには、変化が必要なのです。
心が折れなければ、「失敗」などありません。
どうか自分の熱意と仲間を信じて、勇気を持ってアイデアを実現してください。

おわりに

オルタナティブな価値を京都から

2021年現在、世界はグローバル企業の覇権主義が進んでいます。グローバルでローコンテクストなもの、つまり「世界中で人気になっているもの」が消費の大部分を占め、その反対に、ローカルでハイコンテクストなもの、つまり「地域にある定量化されていない価値」は生き残るのが難しくなっています。

その代表が、「伝統工芸」などの「日本文化」かもしれません。

世界中がこの状況が望ましいことではないと頭ではわかっているのに、経済合理性のシステムから逃れることができず、無力さに悩まされているのではないでしょうか。

そんななか、この呪縛から解放され、文化を救えるのは、「コミュニティの力」だと信じています。

「お得意さん」「ご贔屓」「行きつけ」……。

ただの「売り手と買い手」の関係性を超えた素敵なつながりを表す言葉が、ここ日本にはたくさんあります。

ご近所づきあいが盛んに行われ、「顔見知りの範囲」と「自分の経済圏」がイコールの関係であったかつての時代の日本には、そんな結びつきが当たり前のようにありました。


とくに、私の住む京都には、いまだにその関係性が色濃く残っています。

本書の冒頭でも紹介しましたが、京都の企業はあまり東京に進出しません。

際限なく事業規模を広げるよりも、使い手と作り手の親密な関係性が構築でき、本来の価値を伝え続けていける規模を保つことを大切にしているのです。

お客様の顔が見える距離で商売を続け、目の前の人を喜ばせる。

これを何よりも大事にする哲学を持っています。

そして地域のお客様も、企業のその姿勢に応えてくれています。

どれだけ安くて便利な商品が誕生しようとも、これまでの関係性があり、思い入れのある商品やサービスを選ぶ。そして、そのビジネスをしている人の顔を思い浮かべて、その人を応援するような気持ちで愛用しています。

この作り手と使い手の素敵な関係もまた、「日本らしさ」といえるのかもしれません。

最近は、「モノ消費」から「コト消費」への変化が叫ばれて久しいです。

ですが、日本の強みは「ものづくり」です。

「ものづくり」からの脱却を目指すのではなく、いまこそ「ものづくり」を、意味の価値へアップデートするときではないでしょうか。

「モノ」の裏には、それをつくり、支え、届ける「ヒト」がいます。

その「ヒト」の存在や、想い、技術、物語などへの共感を呼ぶことができれば、そこに経済合理性を超えた価値を生み出すことができるはずです。

つまり、「ヒト」こそが、次の時代の価値創造の根源になるのです。

これからの社会は、この「ヒト消費」が主流になっていくと思います。

クラウドファンディングがよい例ですが、その価値を提供しているヒトの才能や熱意に共感を覚え、その活動（また生活そのもの）を実現したり、継続させたり、応援したりするためにお金を払う消費行動です。

「社会にあるこの課題を解決したい」
「楽しいアイデアでお客様に笑顔になっていただきたい」
「暮らしに取り入れたくなる価値を提供したい」

タレントやインフルエンサー、そして大企業にかぎらず、一個人であってもそこに強い想いがあれば、この「ヒト消費」に支えられ、新たなビジネスや価値を創造できる時代の流れは加速していくでしょう。

こういった人間的な想いをコアにして、価値を支えてくれる人たちの「顔」が見える距離で商売をすることが、お客様からの強い共感と支援を得るためには大事なように感じています。そして、それがグローバル資本主義のなかで苦境に立つ、ローカルでハイコンテクストな価値を次世代へつなぐ道ではないかと考えています。

その際、何よりの僥倖は、デジタルテクノロジーの進化により物理的な距離を超えられることです。思想が共鳴すれば、グローバルでつながり、交流し、価値の交換もできる時代になりました。

そして、この「人と人のつながり」によって形成される関係性やコミュニティこそ、あらゆる変化や障壁をも乗り越える、一番強いつながりなのです。

「経済合理性を超えた、オルタナティブな価値を京都から」

この意志を胸に立ち上げたのが、本編で何度も登場した「ＴＨＥ ＫＹＯＴＯ」です。世界でも有数のコミュニティ価値を生んでいる京都で、その方法を学ばせていただいています。

とはいえ、京都が文化を育んできた「１２００年」の壁は高く、重いです。

よそものである私は、その価値の片鱗を垣間見るだけで精一杯でもあります。

そこに、このコロナの影響が重なり、なかなか思うような理想のコミュニティ創造にはたどり着けていません。

私もまた、挑戦の真っ最中なのです。

「変われない」をどう乗り越えるか。

私をふくめ、ここ京都にある老舗企業、そして全国の企業やビジネスパーソンたちが、日々模索しているでしょう。

その強い想いや熱意があれば、この国の文化やビジネスは次の時代でも生き残るために、必ず変化していけると信じています。


そして、ともに歩んでくれる仲間のことも、同じくらい信じています。

この本が誕生したのも、これまでともに歩んでくれた数多くの方々に支えていただけたおかげです。

私がまだアジアを渡り歩いている頃、各国の現場で鍛えてくださった現地のみなさま。京都の魅力に惹かれ、移り住んだよそものである私を暖かく迎え入れてくださったGOONのみなさま。本書に事例としていくつも登場している、文化の未来を共創する同志のみなさま。夢の実現のために容易ならざる挑戦をともにしてくださっているTHE KYOTOのみなさま。そんな私の挑戦を、いつも温かく後押ししてくださる電通のみなさま。そして、人生の哲学を日々教えてくださる京都の街のみなさま。

本の製作に関しても、多くの方に支えていただきました。私の活動に魅力を感じ、出版を提案してくださった渡辺さん。私のつたない話を的確で具体的な文章に落とし込んでくださったライターの夏野さん。「日本らしさを、世界に通じる強みとして表現したい」という難しい要望を受け入れ、素敵なデザインに仕上げてくださったデザイナーの金澤さん。多忙を極め遅々として進行が進まない私のことを暖かく見守り、ときには力強く背中を押してくれたクロスメディア・パブリッシングの石井さん。

そして、毎週末を本の製作に費やす私を理解し、側で支えてくれた妻の香織。

お一人ずつ挙げたらきりがないほど、多くの方の存在とサポートによって、この本は誕生しました。みなさん、本当にありがとうございました。

私が大事にしている、ある京都の老舗の哲学があります。

「美に生き、気持ちのいいことのために生きる」

本業に苦戦するなかでの本の製作は、正直なところ、かなり辛くもありました。

そんななかで無事に発刊までたどり着けたのも、この本を出すことで「一人でも救われる方がいるのでは」という希望があり、そこに向かっていくことが「気持ちよかった」からです。

この考え方こそ、現代の多様な文化が共存していくためのヒントのような気がします。

これからは個人の時代であり、すべての仕事はプロジェクト化していきます。

そして仕事だけでなく、「自分はなんのために生きるか」「自分が役に立てることはなんなのか」と、「人生」というあなただけのプロジェクトを、社会のため、自分のために、デザインしていただきたいのです。

人生は、あなたが主人公のプロジェクトです。

個人でビジネスをする人も、企業に属してビジネスを考える人も、そこにある「自分の想い」を大事にし、素敵な仲間と共に「最高傑作の人生」というプロジェクトを、どうぞ生み出してください。

2021年3月末日　京都にて　各務亮

【著者略歴】

各務亮（かがみ・りょう）

THE KYOTO 編集長＆クリエイティブディレクター
2002年から中国、シンガポール、インドなど電通海外拠点を移り住み、2012年から電通京都支社へ。京都から日本ならではのグローバル価値を生み出すべく「GO ON」「太秦江戸酒場」「夕暮能」など、伝統に異分野を掛け合わせたまったく新しい商品、サービス、事業を多数立ち上げ。2020年6月には京都発、文化＆アートのプラットフォーム「THE KYOTO」を起業し、編集長＆クリエイティブディレクターに。
京都芸術大学非常勤講師。佐治敬三賞、カンヌライオン、D&ADなど受賞。
内閣府 クールジャパン戦略推進会議メンバー、経産省 クールジャパンビジネスプロデューサー、観光庁 目利きプロデューサー、京都市 産業戦略懇談会委員、京都市伝統産業活性化推進審議会委員など歴任。

すべてのビジネスに、日本《にほん》らしさを。

2021年 4月11日　初版発行

発行　**株式会社クロスメディア・パブリッシング**

発行者　小早川 幸一郎
〒151-0051　東京都渋谷区千駄ヶ谷 4-20-3 東栄神宮外苑ビル
https://www.cm-publishing.co.jp
■本の内容に関するお問い合わせ先 …………………… TEL (03)5413-3140 ／ FAX (03)5413-3141

発売　**株式会社インプレス**

〒101-0051　東京都千代田区神田神保町一丁目105番地
■乱丁本・落丁本などのお問い合わせ先 ……………… TEL (03)6837-5016 ／ FAX (03)6837-5023
service@impress.co.jp
（受付時間　10:00 ～ 12:00、13:00 ～ 17:00　土日・祝日を除く）
※古書店で購入されたものについてはお取り替えできません

■書店／販売店のご注文窓口
株式会社インプレス　受注センター ……………………… TEL (048)449-8040 ／ FAX (048)449-8041
株式会社インプレス　出版営業部 ………………………………………………… TEL (03)6837-4635

ブックデザイン　金澤浩二
DTP　内山瑠希乃
企画編集協力　ランカクリエイティブパートナーズ
印刷・製本　中央精版印刷株式会社

図版作成　長田周平
校正　鴎来堂
編集協力　夏野栄
ISBN 978-4-295-40525-2 C2034